Das AYURWEDA Kochbuch

Harish Johari

Das AYURWEDA Kochbuch

Köstliche vegetarische Rezepte
für Körper, Seele und Geist

WINDPFERD
Verlagsgesellschaft mbH.

Der Autor, Harish Johari, geboren im Mai 1934 in Nordindien, ist ein bekannter Autor, Philosoph, Maler, Musiker, Bildhauer und Dozent. Nach dem Abschluß seines Physik-, Chemie- und Biologiestudiums erwarb er seinen »Master der Philosophie und Literatur«.

Johari widmete sich besonders den Studien des Jain Tantra und des Hindu Tantra. Er lebte und arbeitete einige Jahre in den USA, wo er erfolgreich an Untersuchungsprojekten zusammen mit Doktoren, Psychologen, Musikern, Künstlern und Schriftstellern wirkte.

In seiner Heimat Indien widmete er sich hauptsächlich bildhauerischen Arbeiten in einem Tempel – diese Tätigkeit ermöglicht ihm, in engeren Kontakt mit Heiligen, Tantrischen Heilern und Ayurwedischen Ärzten zu treten. Dadurch erwarb er sich das praktische traditionelle Wissen des altindischen Heilsystems »Ayurweda«, und die Anwendung der Yantras, Mantras, Edel- und Halbedelsteine zur Heilung.

7. Auflage 2002

Umschlaggestaltung: Wolfgang Jünemann
Illustrationen im Innenteil: Chandra Bal
Aus dem Englischen übertragen von Heidegret Rauhut
Gesamtaherstellung: Schneelöwe, Aitrang
ISBN 3-89385-027-9

Printed in Germany

INHALTSVERZEICHNIS

EINLEITUNG

»Zur Anwendung ayurwedischen Wissens beim Kochen«
(»Harmonie beginnt in der Küche«)

Kochen ist eine Kunst und gleichzeitig eine Wissenschaft. Kochen ist Kunst, wenn der Koch / die Köchin inspiriert und mit großer Hingabe ein neues Gericht ersinnt und mit seiner / ihrer Kreativität ein neues Gericht, einen neuen Geschmack, eine neue Kombination kreiert. In diesem Moment ist Kochen keine Arbeit, sondern ein Vergnügen.

Kochen wird zur Wissenschaft, wenn der Koch/die Köchin die Eigenart der einzelnen Gemüsesorten kennt und beim Kochen entsprechende Gewürze zufügt, um den Nährwert der Gemüse, Hülsenfrüchte und Getreide aufzuwerten. Die Kenntnis vom Nährwert und dem Nahrungsgleichgewicht beruht auf Wissen... und der Koch / die Köchin wendet dieses Wissen wie ein Mediziner, ein Wissenschaftler, an.

Beherrscht ein Koch / eine Köchin sowohl die Kunst als auch die Wissenschaft des Kochens, wird Kochen zur Alchemie. Die Nahrung wird zum Tantra, zur Magie. Sie wird zum Tonikum, zur Arznei, zum Lebenselixier. Die Liebe, die den Koch / die Köchin inspiriert, verjüngt jede Zelle des Körpers.

Richtig angewendet verzaubern Gewürze die Speisen in bekömmliche, lukullische Gaumenfreuden und werten zudem den Nährwert der Lebensmittel auf.

Gewürze enthalten Vitamine, Mineralstoffe und ätherische Öle und sind, genau wie Gemüse, die Vitamine und Mineralstoffe enthalten, Chemikalien in hochkonzentrierter Form. Die Verbindung der beiden wirkt sich harmonisierend auf die chemischen Eigenschaften der Gemüse, Hülsenfrüchte und Getreidearten aus, die – nach ayurvedischer Terminologie – »Luft erzeugend«, »Galle produzierend« oder »Schleim vermehrend« sind. Dieser Faktor kann leicht durch den Geschmack bestimmt werden, der in den jeweiligen Nahrungsmitteln vorherrscht. Der Geschmackssinn ist aber nicht das einzige Bestimmungsraster – Ayurweda klassifiziert die Wirkung jedes Stoffes nach »heiß«, »kalt« und »gemäßigt« – Eigenschaften, die nach Beendigung des Verdauungsprozesses der Speisen bestimmbar sind.

Nahrungsmittel, die Kalorien liefern sind »heiß«; Nahrungsmittel, die für ihren Umwandlungsprozeß vom Körper Kalorien benötigen sind »kalt«, und Nahrungsmittel, die weder Kalorien liefern noch verbrauchen gelten als »gemäßigt«. Dieses Wissen, ob ein Nahrungsmittel »heiße« oder »kalte« Eigenschaften besitzt, ist dann hilfreich, wenn zu entscheiden ist, welches Gewürz dem jeweiligen Nahrungsmittel entspricht.

Kartoffeln sind beispielsweise *heiß und trocken* und bewirken, daß sich im Körper mehr Säure bildet. Würzen wir die Kartoffeln mit Kreuzkümmelsamen (Cuminsamen), so werden die unerwünschten Eigenschaften der ansonsten wertvollen Kartoffel ausgeglichen, denn Kreuzkümmel ist ein kühlendes Gewürz, das leicht zusammenziehende und alkalische (basenüberschüssige) Qualitäten besitzt.

Die alleinige Verwendung von Butter reicht nicht aus, die heiße Natur der Kartoffel auszugleichen, obgleich die Butter zumindest gegen die Trockenheit wirkt, die beim Verzehr von Kartoffeln im Körper entsteht. Der Nachteil der Butter ist, daß sie Fett erzeugt, und zuviel Fett verursacht zahlreiche Körperprobleme. Die übliche Zusammenstellung von frischen Salaten mit Kartoffeln ist sehr viel gesünder.

Kartoffeln mit Joghurt oder Quark sind eine nahezu ideale Verbindung, denn der Joghurt gleicht die heiße und trockene Natur der Kartoffeln aus, und der Körper kann die wertvollen Mineralstoffe, Vitamine und die Stärke der Kartoffeln problemlos verwerten. Aber auch bei Joghurt-Gerichten ist die Verwendung von Kreuzkümmelsamen empfehlenswert. Kreuzkümmel wirkt der verschleimenden Eigenschaft der Milchprodukte entgegen und macht sie leichter verdaulich.

Die Zubereitung von Kartoffeln mit Bockshornkleeblättern ergibt nicht nur ein ungewöhnlich schmackhaftes, sondern auch ein überaus bekömmliches Gericht. Die grünen Bockshornkleeblätter enthalten Chlorophyll und zahlreiche Vitamine und Mineralstoffe und haben einen salbenden Effekt. Alle Blattgemüse enthalten viel Wasser, das wiederum reich an wertvollen Chemikalien ist. Blattgemüse, wie Bockshornkleeblätter, erhöhen den Nährwert von Kartoffeln. Bockshornklee gilt als Verjüngungsmittel, er stärkt die Inspiration und unterstützt das Immunsystem des Körpers. (Bockshornklee ist eines der meistverwendeten Gewürze der nordindischen Küche und wurde auch früher in Europa allgemein – als wildwachsendes Gewürz und als Heilpflanze – verwendet. Bockshornkleesamen gibt es in Apotheken und Reformhäusern zu kaufen. Anm. der Übersetzerin).

Des weiteren gilt die Kombination von gekochten, geschälten Tomaten und Kartoffeln als harmonisch und empfehlenswert. Grüne Bohnen mit Kartoffeln ergeben ebenfalls ein sehr köstliches und gesundes Gericht. Bohnen enthalten viel Eiweiß; ihr einziger Nachteil ist, daß sie Blähungen erzeugen. Dem Nachteil kann abgeholfen werden, wenn wir die Bohnen mit geröstetem Knoblauch, geraspelter, frischer Ingwerwurzel und Bockshornkleesamen zubereiten. Diese Zubereitungsart wirkt nicht nur dem blähenden Effekt der Bohnen entgegen, sie gleicht auch die Trokkenheit erzeugende Eigenschaft der Kartoffel aus.

Das Wissen von »heiß« und »kalt« (Eigenschaften, die durch die chemische Verbindung von Gemüse und Nahrungsmittel und deren Effekt nach dem Verdauungsprozeß entstehen) ist hilfreich, um den Körper mit lebensnotwendigen Stoffen in Form von Gewürzen zu versorgen.

Bei Erkältungskrankheiten, zum Beispiel, wird allgemein erhöhte Zufuhr von Vitamin C verordnet, und Ärzte empfehlen häufig ihren Patienten Orangensaft zu trinken. Orangen sind süßsauer im Geschmack und kalt, ihre Säuregehalt irritiert die Kehle und vermehrt Schleim und Husten.

Ein Vaidya (Ayurweda-Arzt) wird bei Erkältungskrankheiten

frischgemahlenen Schwarzen Pfeffer mit Honig empfehlen, denn auch Pfeffer enthält Vitamin C, sogar mehr als Orangen. Guter, reiner Bienenhonig enthält wertvolle Vitamine *und* Kalorien. Die Kombination von Schwarzem Pfeffer mit Honig versorgt den Körper unmittelbar mit Vitamin C *und* Kalorien, die im Kampf gegen Erkältungskrankheiten vom Körper benötigt werden. Auch Tee, der mit Bockshornkleesamen zubereitet wird, erwärmt unmittelbar und verschafft rasch Erleichterung bei Husten und Erkältungskrankheiten.

Das bloße Wissen um den Wert der Vitamine und ihrer Bedeutung für den Körper genügt nicht, wir müssen auch ihre Wirkung während und nach dem Verdauungsprozeß kennen, wenn wir erfolgreich heilen wollen.

Wer Kräuter und Gewürze verwendet ohne ihre chemischen Eigenschaften zu kennen, muß mit unerwünschten Reaktionen rechnen. Da wir mindestens zweimal täglich essen, ist es von Vorteil, die Eigenschaften der einzelnen Lebensmittel zu kennen, damit wir auf Dauer keine unerfreulichen oder gar schädlichen Erfahrungen mit der Ernährung machen.

Früchte liefern keine Kalorien und sollten deshalb nie am Abend oder gar nachts gegessen werden, denn der Körper braucht nachts Hitze, um sich vor der kühlenden Erde zu schützen. Obst ist sehr gesund, wenn man es während des Tages ißt, also dann, wenn Sonnenwärme vorhanden ist.

Gewürze sollten verwendet werden:

- entsprechend den Jahreszeiten, um den Effekt des Klimas auf den Körper auszugleichen;
- um eine harmonische Wirkung der Nahrung auch nach dem Verdauungsvorgang zu garantieren;
- damit die Nahrung dem körperchemischen Haushalt desjenigen entspricht, der sie ißt;
- um den Nährwert der einzelnen Lebensmittel zu erhöhen.

Manche Gewürze sind bei kaltem Klima besonders empfehlenswert, andere wiederum sind für die heiße Jahreszeit besser geeignet. So sind zum Beispiel Gelbwurz, Schwarzer Pfeffer, Ingwer, Muskatnuß, Lorbeerblätter und Safran vor allem im Winter, bei kaltem Klima, außerordentlich hilfreich. Kreuzkümmel und Koriander dagegen sind mehr für den Sommer geeignet. Es ist jedoch möglich und zu empfehlen, »heiße« Gewürze in Kälte erzeugenden, Schleim bildenden Speisen und »kalte« Gewürze zu Hitze erzeugenden, Galle und Wind vermehrenden Gerichten zu verwenden. Eine harmonische Verbindung von heißen und kalten Gewürzen kann immer problemlos verwendet werden.

Zweifelsohne spielt die Ernährung eine entscheidende Rolle für unser körperlich-geistiges Wohlbefinden, und vegetarische Nahrung enthält nachweisbar weniger Giftstoffe als Fleischkost. Vegetarische Gerichte können abwechslungsreicher und vielfältiger zubereitet werden als Fleischgerichte, und mit dem Zufügen von Nüssen und Samen wird der Nährwert der Pflanzenkost erhöht.

Die Rezepte dieses Buches stammen nicht aus den Küchen der unterschiedlichen Regionen Indiens. Alle Gerichte wurden in Europa und Amerika gekocht und von Europäern und Amerikanern gegessen. Und da sie alle stets sehr schmackhaft und bekömmlich waren und ein anhaltendes, befriedigendes Wohlgefühl hinterlassen haben, wurden sie aufgeschrieben und gesammelt. Im Laufe der Zeit nahm die »Rezepte-Sammlung« den Umfang eines Buches an. Nahezu alle Rezepte dieses Buches wurden von Heidi Rauhut aufgeschrieben und gesammelt. Ihr gebührt der Verdienst, daß dieses Buch zustande kam. Aber ich danke auch allen Freunden in Europa und Amerika, die mich inspiriert haben für sie zu kochen und mir die Möglichkeit gaben, meine Freude und Liebe am Kochen zu genießen.

Kochen ist nicht mein Beruf, Kochen ist mein Vergnügen, mein Hobby, meine Leidenschaft, und ich bin der Überzeugung, daß mir die Gerichte, die ich koche, Energie und Inspiration geben.

Mögen auch die Leser dieses Buches sich inspirieren lassen, die hier beschriebenen Gerichte nachzukochen und zu genießen, um dann – ausgerüstet mit dem praktisch angewandten Wissen ayurwedischer Prinzipien – nach Lust und Laune eigene bekömmliche Köstlichkeiten zu erfinden.

Harish Johari,
München

KÜCHENUTENSILIEN

Für die indische Art des Kochens benötigen sie zu ihren Standardküchengeräten vermutlich noch zusätzlich folgende Küchenutensilien:

1. Einen indischen Karahi oder chinesischen Wok
2. Ein Holzbrett mit Nudelholz
3. Mörser und Stößel
4. Ein Reibeisen
5. Eine Suppenkelle
6. Einen Schaumlöffel
7. Einen Spatel (Teigwender) oder eine Zange
8. Ein Käsetuch
9. Einige saubere Brottücher
10. Eine gußeiserne Pfanne

1. Der indische Karahi ist eine flache Schale mit einem runden, gewölbten Boden und zwei Griffen. Der chinesische Wok hat ebenfalls, wie der Karahi, einen gewölbten Boden, ist jedoch etwas flacher als dieser. Beide Töpfe werden zum Fritieren von Broten und Gemüsen, aber auch zum normalen Kochen verwendet. Durch ihre gewölbte Form helfen sie Fett sparen. Am besten ist eine Fritierschale aus schwerem Material, wie z.B. Gußeisen. Ein schwerer Boden hält die Temperatur gleichmäßig, dadurch wird das Fett in der Schale nie zu schnell heiß oder kalt. Das gleiche gilt für alle anderen Kochtöpfe, sie sollten am besten aus einem schweren Material gefertigt sein.

2. Ein Holzbrett mit Nudelholz zum Ausrollen der Brote wird

sich wahrscheinlich bereits in jeder Küche befinden. Das Holzbrett sollte jedoch ausschließlich zum Rollen des Teiges verwendet werden und nie zum Schneiden von Gemüse oder Zwiebeln. Schnitte im Holz würden das Teigrollen erschweren, außerdem nimmt Holz gerne Gerüche an.

3. Mörser und Stößel sind unentbehrlich zum Zerreiben der Gewürze. Gewürze sollten immer frisch gemahlen werden, sonst verflüchtigen sich ihre aromatischen Öle und sie verlieren damit an Geruch, Geschmack und Wirkung. Mörser gibt es aus schwerem Stein, damit läßt es sich am einfachsten arbeiten, oder aber aus Porzellan, Glas, Messing und Holz. (Porzellanmörser findet man in Geschäften für Laborbedarf).

4. Ein Reibeisen wird häufig benötigt, um verschiedene Gemüse fein zu raspeln. Es ist in jedem Haushaltswarengeschäft erhältlich.

5. Eine Suppenkelle eignet sich sehr gut für die Zubereitung von Tarkas (einer Gewürzmischung, die Dal-Gerichten oder Raitas zugefügt wird, siehe Rezeptteil). Auch zum Servieren von Suppen und halbflüssigen Gerichten wird sie häufig gebraucht.

6. Ein Schaumlöffel ist eine Art Suppenkelle mit Löchern. Er wird benötigt, um fritierte Speisen aus dem Wok oder Karahi zu heben. Durch die Löcher des Löffels können Öl oder Ghee gut abtropfen.

7. Spachtel oder Zange dienen zum Wenden der Brote.

8. Für die Zubereitung von Käse aus frischer Milch ist ein Käsetuch aus leichtem, dichtgewebtem Leinen oder ein Mulltuch erforderlich.

9. Damit die Brote weich und warm bleiben, werden sie, sobald sie aus der Pfanne kommen, in ein sauberes Leinentuch, ein Brottuch gelegt.

10. Eine gußeiserne Pfanne eignet sich vorzüglich zum Backen der Brote. Alle Speisen, die in gußeisernen Pfannen oder Töpfen garen, werden gleichzeitig mit zusätzlichem Eisen angereichert. Außerdem hält ihr schwerer Boden die Temperatur gleichmäßig und kocht die Gerichte schonend.

GHEE

Ghee ist der Name für »gereinigte« Butter, Butter, der durch Erhitzen die ›Milchbestandteile‹ entnommen wurden. Ghee eignet sich erstklassig zum Kochen und ist auch außerhalb des Kühlschranks unbegrenzt haltbar. Ghee gibt es in fast allen deutschen Lebensmittelgeschäften unter der Bezeichnung »Butterschmalz« fertig zu kaufen. Wie man Ghee aus frischer Butter selbst herstellen kann, beschreiben wir nachfolgend im Grundrezept:

SO WIRD GHEE SELBST GEMACHT:

---

250 Gramm frische Butter

in einer schweren Pfanne auf mittlerer Flamme schmelzen lassen, bis kleine Schaumblasen an die Oberfläche steigen (dies sind die festen Milchbestandteile der Butter, die das Ranzigwerden der Butter verursachen und beim Kochen verbrennen).

4 Gewürznelken

zufügen. Nelken helfen die Butter zu reinigen und geben dem Ghee ein angenehmes Aroma.

Mit einem Eßlöffel den Butterschaum vorsichtig abschöpfen. (In einem separaten Gefäß aufbewahren; er kann beim Brotbacken zwischen den Teig gestrichen werden oder fertiggedünsteten Gemüsegerichten oder Dalgerichten zugefügt werden).
Die Butter auf niedrigster Flamme sachte weiterkochen lassen, sie klärt sich fortwährend, indem ihre Milchbestandteile an die Oberfläche treten. Den Schaum ständig abschöpfen und darauf achten, daß die Butter nicht verbrennt. Steigen keine Bläschen mehr an die Oberfläche, kann das klare Ghee abkühlen und anschließend vorsichtig in einen Steinguttopf oder Glasbehälter gegossen werden. Der Bodensatz soll in der Pfanne bleiben.

ÖLE

Jedes hochwertige Pflanzenöl, das dazu geeignet ist, auf hohe Temperatur erhitzt zu werden, kann zum Kochen verwendet werden. In diesem Kochbuch erwähnen wir meistens Senföl, da es einen besonderen Geschmack hat, der für bestimmte Gerichte sehr gut geeignet ist. Auch ist es empfehlenswert, Senföl im Winter und bei kaltem Klima zu verwenden, da es Hitze erzeugt. Im Sommer eignet sich Kokosnußöl sehr gut zum Kochen. Es wirkt kühlend und ist leicht verdaulich.

MASALAS
GEWÜRZMISCHUNGEN

Ein Masala ist eine ›Verbindung‹ von Gewürzen. Im allgemeinen lassen sich Masalas in drei Gruppen gliedern. Ein Gruppe wird Grundmasala (Grundgewürzmischung) genannt und besteht aus:

einem Teil Tumerikpulver
(Gelbwurzpulver) und
zwei Teilen Korianderpulver.

Die zweite Gruppe besteht aus:

Bockshornkleesamen und
Knoblauch
oder
Cuminsamen und
rotem Pfeffer.

In dieser zweiten Gruppe können auch die vier Gewürze Bockshornkleesamen, Knoblauch, Cuminsamen und roter Pfeffer zu einem Masala (einer Gewürzmischung) zusammengestellt werden. Oder man kann drei der Gewürze in jeder beliebigen Zusammenstellung verwenden.

Die dritte Gruppe der allgemeinen Masalas wird »Garam Masala« genannt, was übersetzt soviel wie »Heiße Gewürzmischung« heißt. Das einfache Garam Masala besteht aus:

1 Nelke pro Person
2 schwarze Pfefferkörner pro Person
1 roter Kardamom auf 4 Personen (gemeint ist der Inhalt der Samenkapsel)

und kann erweitert werden mit

Zimt
Muskatnußpulver
Lorbeerblättern

Diese Masalagruppe wird im ganzen verwendet oder auch nur in Verbindung der drei erstgenannten Gewürze. Es kann den Gerichten zerstampft, also in fein pulverisierter oder grobgemahlener Form zugefügt werden oder auch im ganzen, am Anfang, in der Mitte oder am Ende des Kochprozesses. In den einzelnen Rezepten ist immer beschrieben, wann welche Masalas verwendet werden.

Im allgemeinen kann man sagen, daß sattvische Nahrungsmittel mit Cumin gekocht werden.

Rajasische Nahrung wird mit einem Grundmasala aus Tumerik- und Korianderpulver und mit schwarzem Pfeffer, Kardamom, Nelken, Zimt, Muskat und Lorbeerblättern zubereitet, also dem vollständigen Garam Masala.

Tamasische Nahrung wird mit Knoblauch, Pfeffer und Bockshornkleesamen zubereitet.

Ingwer wird überall dort verwendet, wo die Nahrung starke Gase oder viel Schleim verursachen könnte.

Bockshornkleesamen wird für tamasische Nahrungsmittel verwendet, kann aber auch für alle rajasischen Speisen verwendet werden.

Cumin, bei uns auch als Kreuzkümmel bekannt, ist ein sehr gebräuchliches Gewürz, das überall verwendet werden kann, mit Ausnahme von Gemüsen, die sehr wässrig, schleimerzeugend und von kalter Natur sind.

Die nachfolgend aufgeführten besonderen Masalas (Gewürzmischungen) sind dazu gedacht, daß sie in größeren Mengen hergestellt und in einem luftdichten Gefäß aufbewahrt werden. Derart bieten sie eine praktische Möglichkeit für die »schnelle Küche«. Außerdem dienen sie »als rettende Helfer« allen Menschen, die viel auf Reisen sind und ihre auswärtige Kost mit mehr Würze und medizinischer Hilfe genießen wollen.

SPEZIELLES GARAM MASALA

Diese spezielle Gewürzmischung hilft der Verdauung, harmonisiert die Körperwinde, wirkt appetitanregend und kann von jedermann vertragen werden.

50 g schwarze Pfefferkörner, 50 g weiße Cuminsamen (Kreuzkümmelsamen), 25 g schwarze Cuminsamen, 25 g rote Kardamomsamen ohne Schale, 10 g Zimt, 5 g Nelken, 50 g Korianderpulver, 5 g Muskat, 5 g schwarzes Salz, 3 g Asafötida (Hing).

Die Hälfte aller Gewürze, mit Ausnahme von Asafötida*, in einer trockenen Pfanne (ohne Fett) auf kleinster Flamme sorgfältig anrösten. Danach mit der ungerösteten Hälfte der Gewürze und Asafötida vermengen und in einem Mörser mittelfein zerreiben. Die Mischung durchsieben und in einem gut schließendem Gefäß trocken aufbewahren.

DAL MASALA

Diese Mischung wird ausschließlich für Bohnen und alle Hülsenfrüchte, also für Dals verwendet. Sie wirkt als ausgezeichnete Arznei zur Verhinderung von Blähungen. »Dal«-Gerichte sind eine wichtige Eiweißquelle und gelten daher als wesentlicher Bestandteil der vegetarischen Küche.

50 g schwarze Pfefferkörner, 200 g weiße Cuminsamen, 50 g schwarze Cuminsamen, 50 g rote Kardamomsamen ohne Schale, 20 g Zimt, 10 g Nelken, 50 g schwarzes Salz, 100 g weißes Salz, 100 g Korianderpulver, 10 g Asafötida (Hing).

Die Hälfte der Gewürze, mit Ausnahme von Asafötida, in einer Pfanne ohne Fett auf kleiner Flamme trocken anrösten. Mit dem ungerösteten Teil der Gewürze und Asafötida vermengen. Im Mörser fein zerreiben und in einem luftdichten Gefäß trocken aufbewahren.

* Asafötida sollte, wenn es geröstet werden muß, stets getrennt und trocken in einer Pfanne oder mit etwas Ghee auf einem Löffel angeröstet werden.

CHAT MASALA

Chat Masala wird für Gerichte verwendet, die einen sauren Geschmack erhalten sollen, wie beispielsweise für Chutney's, Kartoffelfüllungen, für Samosas und dergleichen mehr.

50 g schwarze Pfefferkörner, 100 g weiße Cuminsamen, 25 g rote Kardamomsamen, 10 g Zimt, 5 g Nelken, 50 g Mangopulver, 50 g Granatapfelsamen, 50 g Korianderpulver, 3 g Asafötida (Hing).

Alle Gewürze, mit Ausnahme von Asafötida, Granatapfelsamen und Mangopulver, in einer Pfanne bei schwacher Hitze ohne Fett trocken anrösten. Zusammen mit den ungerösteten Gewürzen in einem Mörser fein zerreiben und in einem luftdichten Gefäß trocken aufbewahren.

GARAM MASALA SPEZIAL

Dieses Masala wird für scharfe Curries und suppige Gemüse verwendet, bei denen bereits ein Grundmasala aus Tumerikpulver und Korianderpulver die Basis bildet.

50 g schwarze Pfefferkörner, 50 g weiße Cuminsamen, 50 g schwarze Cuminsamen, 25 g rote Kardamomsamen ohne Schale, 10 g Nelken, 5 g Muskat, 10 g Lorbeerblätter, 10 g Zimt, 20 g schwarzes Salz, 50 g weißes Salz, 50 g Korianderpulver, 10 g Bockshornkleesamen, 10 g Oreganosamen, 2 g Safranpulver, 50 g Ingwerpulver, 5 g Asafötida.

Die Hälfte aller Zutaten, außer Asafötida, auf kleinster Flamme in einer Pfanne ohne Fett trocken anrösten. Mit den ungerösteten Gewürzen und Asafötida vermengen, im Mörser zerreiben und in einem trockenen Gefäß luftdicht aufbewahren.

Diese Gewürzmischung ist verdauungsfördernd, appetitanregend und wirkt harmonisierend auf die Körperlüfte (Vayu), auf die Galle (Pitta) und den Schleim (Kapha). Bei Verdauungsbeschwerden hilft bereits 1 Teelöffel dieser Mischung, in 2 Teelöffeln Ghee erhitzt, vor der Mahlzeit mit Brot genommen.

BROTE, FÜLLUNGEN UND PASTETEN

BROTE

Die indischen Brotarten – ohne Hefe – sind köstlich im Geschmack und gesund. Zu jeder Mahlzeit werden sie aus frischem grobgemahlenem Weizenmehl zubereitet. Man kann sie nach Lust und Laune rund oder dreieckig ausrollen und mit oder ohne würzige Gemüsefüllungen backen. Das Rollen verlangt etwas Geschicklichkeit, doch »Übung macht den Meister« – und mit der Zeit wird das Broterollen und Backen zum reinen Vergnügen, vor allem, wenn die Brote locker in der Pfanne aufgehen wie ein Luftballon. Das sieht nicht nur lustig aus, es hat auch seinen Sinn: Brote, die gut aufgehen, sind auch gut und leicht verdaulich! Die nachfolgend beschriebenen Brotarten werden entweder einzeln in der Pfanne herausgebacken oder aber im indischen »Karahi« beziehungsweise im chinesischen Wok fritiert.

In Indien werden diese Brote traditionsgemäß als »Besteck« verwendet – man bricht ein kleines Stückchen ab, schaufelt damit das Gemüse auf (wie sonst auf den Löffel) und führt es mit den Fingern der rechten Hand gekonnt zum Munde.

GRUNDTEIG

für eine Person oder zwei Brote:

1 ½ Tassen bzw. 1 Handvoll grob gemahlenes Weizenvollkornmehl

durch ein mittelfeines Sieb in eine tiefe Schüssel geben. In die Mitte des Mehls eine kleine Mulde formen und

etwa ⅔ Tasse Wasser

hineinschütten. Mehl und Wasser vermischen und solange kräftig kneten, bis sich der Teig zu einem weichen, elastischen Ball formt.

Der Teig sollte nicht an den Händen kleben bleiben, aber auch nicht so trocken sein, daß er sich hart anfühlt. Je nach Mehlbeschaffenheit ist dem Teig eventuell mehr oder weniger Wasser als angegeben zuzufügen. Ideal ist es, den Teig vor der Weiterverarbeitung ungefähr 2 Stunden ruhen zu lassen und vor dem Ausrollen nochmals gut durchzukneten.

Dem ruhenden Teig mit den Knöcheln der Finger einige Löcher eindrücken und diese leicht mit Wasser füllen, damit der Teig beim Stehen noch etwas quellen kann. Die Teigschüssel mit einem sauberen Küchentuch abdecken. Wenn man jedoch in Eile ist, kann man direkt nach dem Kneten mit dem Ausrollen und Backen fortfahren. Übrigens: ein kleines bißchen Ghee zwischen den Handflächen kann mitunter die Arbeit mit »problematischem« Teig erleichtern.

PURIS

Puris sind fritierte Vollkornbrote, da sie relativ leicht herzustellen sind, gelingen sie meist auch Anfängern auf Anhieb. Sie haben nur den Nachteil, daß sie – da in Fett gebacken – schwerer verdaulich sind als andere Brotarten. Deshalb werden sie auch hauptsächlich zu festlichen Gelegenheiten serviert.

Normalen Grundteig in gewünschter Menge herstellen. Gut kneten. Der Teig sollte leicht und sehr elastisch sein. Den fertigen Teig zu einem Leib formen, mit den Handknöcheln kleine Mulden eindrücken und mit etwas Wasser auffüllen, damit der Teig während des Ruhens nicht austrocknet, sondern nachquellen kann. Mit einem frischen Küchentuch abdecken und 1 bis 2 Stunden kühl stehen lassen. Vor dem Ausrollen nochmals gut durchkneten.
Ausrollen:
Ein walnußgroßes Teigstück zwischen den flachen Handflächen zu einem Ball formen und flach drücken. Etwas flüssiges Öl oder Ghee (je nachdem, was zum Ausbacken verwendet wird) auf die Arbeitsfläche geben, damit der Teig nicht festklebt, und mit dem Teigroller von der Mitte ausgehend zur Kante hin dünn ausrollen. Dabei das Teigstück häufig wenden, um ein Ankleben zu vermeiden. Solange rollen, bis der Puri etwa 12 cm im Durchmesser mißt. Die Ränder sollten minimal dünner sein, damit der Puri gleichmäßig aufgeht.

Ausbacken:
Einen dreiviertel Liter Kokosnußöl oder Ghee in einem indischen Karahi oder chinesischen Wok erhitzen. Ist keines von beiden vorhanden, eine Pfanne etwa 5 cm hoch mit Öl oder Ghee füllen. Das Öl muß so heiß sein, daß ein hineingeworfenes Probestückchen Teig sofort wieder sprudelnd an die Oberfläche steigt. Hat das Öl die richtige Temperatur, wird jeweils ein Puri in das Öl gelegt. Sobald der Puri anfängt sich nach oben zu bewegen, drückt man ihn mit einem Schaumlöffel wieder sanft, aber bestimmt, nach unten ins tiefe Öl und massiert ihn mit leichtem Druck im Uhrzeigersinn von der Mitte ausgehend. Sobald der Puri bei so

guter Behandlung »lacht« und aufgeht wie ein Luftballon, wird er gewendet und von der anderen Seite gleichfalls gleichmäßig hellbraun fritiert. Die fertigen Puris kommen zum Abtropfen auf Küchenkrepp und werden warm serviert.

MATHRI

Für 4 Personen

---

4 Handvoll frischgemahlenes Weizenvollkornmehl

durch ein mittelfeines Sieb in eine Schüssel geben.

1 Teel. Salz
1½Teel. Oreganosamen
1 Teel. Ingwerpulver
5 Eßl. Ghee oder Kokosnußöl

zum Mehl fügen. Die Zutaten mit den Fingerspitzen gut zerreiben, bis man eine flockige Konsistenz erzielt, dann

½ bis 1 Tasse Wasser

zufügen und kräftig kneten, bis ein glatter, elastischer Teig entsteht. Ausrollen und backen geschieht auf die gleiche Weise wie bei den Puris beschrieben – mit dem einzigen Unterschied, daß sie nur halb so groß ausgerollt werden, also im Durchschnitt etwa 6 cm messen.

PARATHAS
(mit Ghee gebackene Brote)

Für Parathas einen mittelweichen Teig nach dem Grundrezept herstellen.

Ausrollen:
Zwei etwa walnußgroße Teigstücke abtrennen und jedes Stück einzeln zwischen den flachen Handflächen zu kleinen runden Bällchen formen, etwas flach drücken und mit einer Seite in einen Teller mit Mehl legen. In die Mitte des unbemehlten Teigkreises einen Tupfen Ghee geben und die beiden flachen Teigbällchen so aufeinanderlegen, daß die Ghee-Seite innen ist und die bemehlten Seiten außen. Nun die Teigränder mit den Fingerspitzen rundherum fest zusammendrücken, damit sie dicht schließen.

Auf einem Holzbrett wird der bemehlte Teig mit der Rolle gleichmäßig dünn ausgerollt, so daß ein Kreis von ca. 25 cm Durchmesser entsteht, dabei den Teig mehrmals wenden, damit der Paratha gleichmäßig dick und rund wird.

Vom ausgerollten Paratha wird nun das überflüssige trockene Mehl abgeklopft, indem man den Teig schnell von einer Handfläche in die andere wirft. Danach wird der Paratha in eine ungefettete heiße Gußeisenpfanne (ca. 25–30 cm Durchmesser) gelegt. Die Pfanne sollte so heiß sein, daß ein hineingespritzter Wassertropfen sofort zischt. Sobald der Teig sich dunkel färbt (geht sehr schnell), mit einer Metallspachtel wenden. Wo immer Blasen entstehen, die Ränder des Parathas an diesen Stellen mit einem Löffel fest zusammendrücken, damit sich die Luft im Inneren des Parathas ausbreitet und ihn weich und leicht verdaulich macht. Abermals wenden, die Hitze reduzieren und etwas Ghee auf die Paratha-Oberfläche geben und im Uhrzeigersinn sanft in das Brot massieren. Wieder wenden, die Hitze reduzieren und etwas Ghee auf die Paratha-Oberfläche geben und im Uhrzeigersinn sanft in das Brot massieren. Wieder wenden und nochmals mit Ghee bestreichen – vor allem die Ränder mit genügend Ghee versorgen, damit sie weich bleiben und gut zusammendrücken, damit sie gar werden und geschlossen bleiben.

Der Paratha ist perfekt gelungen, wenn er eine gute Farbe hat und wie ein Luftballon aufgegangen ist. Parathas, die nicht aufgehen, werden hart und bleiben schwer im Magen liegen. Den fertigen Paratha zwischen ein sauberes Küchentuch auf eine vorgewärmte Platte legen und mit einem Teller oder Deckel abdecken, damit er warm und weich bleibt, bis die anderen Brote gebraten sind.

Wer anstatt der runden lieber eine dreieckige Paratha-Form backen möchte, macht dies wie folgt:

Ein etwas mehr als walnußgroßes Stück Teig zu einem Ball formen und leicht flach drücken. Auf die Oberfläche einen Tupfen Ghee geben. Den Kreis in der Mitte übereinanderklappen, die neu entstandene Oberfläche, in Form eines Halbkreises, wieder mit einem Tupfen Ghee bestreichen und abermals übereinanderschlagen, so entsteht ein Viertelkreis aus vier Schichten.

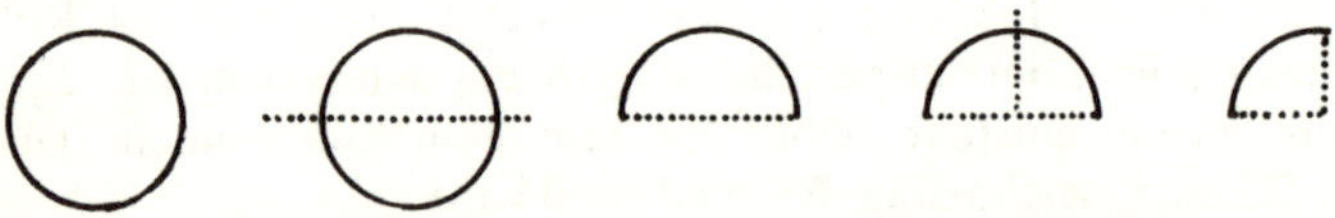

Alle Ränder mit den Fingerspitzen fest zusammendrücken und dicht verschließen. Beide Seiten in etwas trockenem Mehl wenden, dreieckig ausrollen und ausbacken wie bereits beschrieben.

ROTIS oder CHAPATIS

(leicht verdauliche, trockene Brote)

Für Rotis oder Chapatis einen weichen Teig nach Grundrezept herstellen. So weich wie der Teig ist, so weich werden die Brote.

Das Ausrollen geht in derselben Weise wie bei den Parathas vor sich. Auch das Ausbacken in der Pfanne geschieht im Prinzip wie bei den Parathas, mit dem Unterschied, daß die Rotis oder Chapatis nicht mit Ghee bestrichen, sondern trocken in der Pfanne ausgebacken werden. Die Ränder des Brotes lassen sich in der Pfanne am besten mit einem Küchentuch zudrücken, damit sich die Luft im Brotinneren ausbreiten kann. Die Temperatur beim Rotibacken kann relativ hoch sein, da ja kein Ghee verwendet wird und folglich auch nicht verbrennen kann. Der Roti kann gleich warm gegessen leicht mit Butter bestrichen werden.

In Indien werden Rotis oder Chapatis teilweise noch direkt über dem offenen Feuer gebacken. Dabei wird das Brot mit einer Zange gehalten und wie ein Ballon zum Aufblasen gebracht.

GEFÜLLTE BROTE

Zwei walnußgroße Teigstücke wie gewohnt zu Bällchen formen, leicht flachdrücken und auf einen Teller mit Mehl legen. Auf die obere Seite einen Teelöffel voll mit einer beliebigen Füllung geben (Rezepte für Füllungen folgen im Anschluß). Jeweils zwei Teigstücke so aufeinanderlegen, daß die Füllung innen ist und die bemehlten Seiten außen. Die Ränder des Brotes mit den Fingerspitzen dicht verschließen. Nach Belieben wie Parathas oder Rotis ausrollen und ausbacken. Beim Ausrollen muß jedoch darauf geachtet werden, daß der Teig nicht reißt und die Füllung im Inneren des Brotes bleibt.

Gefüllte Brote ergeben in Kombination mit einem frischen Salat ein schmackhaftes Sommergericht. Auch eignen sie sich hervorragend als Reiseproviant!

FÜLLUNGEN FÜR BROTE

Das indische Wort für eine Füllung heißt Pishthi. Die Füllung sollte nicht sehr klebrig oder zu feucht sein, da es sonst zu schwierig wird, die Brote auszurollen. Verwenden Sie rohes Gemüse für die Füllung, sollte es sehr fein geraspelt sein, sollte der Gemüsesaft zuvor mit den Händen oder durch ein Küchentuch ausgepreßt werden. Wird die Füllung aus gekochtem oder gebackenem Gemüse bereitet, dann muß die Paste dick und trocken sein und darf weder harte noch grobe Stücke enthalten, die den Teig beim Ausrollen durchstechen würden.

Alle Rezepte für Füllungen sind für 4 Personen berechnet.

PANIR-PISHTHI

(Füllung aus Molken-Käse)

Für 2 Personen oder 4 Brote

½ l Vollmilch

Panir (Molkenkäse) aus herstellen, wie im Grundrezept »Panir« beschrieben. Den trocken gepreßten Käse zu einem elastischen Teig kneten.

¼ Teel. Salz
½ Teel. Kreuzkümmelpulver
¼ Teel. Garam Masala (siehe Grundrezept)

zufügen und gut verkneten. Etwa 1 Teel. der Füllung zwischen 2 Teigstücke geben , gut verschließen und wie Rotis oder Parathas ausrollen und backen (siehe Grundrezept der Brote!)

KARTOFFEL-FÜLLUNG I

(aus gekochten, zerstampften Kartoffeln)

4 mittelgroße Kartoffeln

kochen, schälen und zerdrücken

1 Prise Asafötida (zerrieben)
1 Teel. Garam Masala
1 Teel. Salz

zufügen, gut mit dem Kartoffelbrei vermischen und in die Brote füllen.

KARTOFFEL-FÜLLUNG II

(mit Zwiebeln und Knoblauch)

4 mittelgroße Kartoffeln

kochen, schälen, zerdrücken.
In einem schweren Mörser (am besten ist ein Stein- oder Porzellanmörser geeignet)

1 Zwiebel

und

1 Knoblauchzehe

zu feinem Mus zerstampfen, damit keine groben Stücke den Teig während des Ausrollens durchstechen. Das dabei entstehende Zwiebel- und Knoblauchwasser ausdrücken, es kann jedem Gemüse zugefügt werden, das mit Zwiebeln gekocht wird. Den Zwiebel-Knoblauch-Brei mit den zerdrückten Kartoffeln vermengen und

1 Prise Hing (zerrieben)
1 Teel. Garam Masala
1 Teel. Cuminpulver
1 Teel. Korianderpulver
1 Teel. Granatapfelsamen (fein zerrieben)

zufügen und gut vermischen.
Wie beschrieben in die Brote füllen.

KARTOFFEL-FÜLLUNG III
(mit Ingwer und Bockshornkleeblättern)

4 mittelgroße Kartoffeln
kochen, schälen, zerdrücken.

1 Teel. Cuminpulver
1 Teel. Ingwerpulver
1 Teel. Salz
1 Eßl. Bockshornkleeblätter, fein zerrieben
zufügen, gut mit dem Kartoffelbrei vermengen und in Brote füllen.

Will man diese Füllung mit einem anderen Gemüse kombinieren, sollte dieses geraspelt und gekocht werden, damit eine Paste bereitet werden kann. Außerdem muß das Gemüsewasser entfernt werden (man kann es anderen Gerichten zufügen), damit das Teigausrollen klappt.
Anstatt gekochter Kartoffeln können ebensogut Kartoffeln verwendet werden, die in der Backröhre gegart wurden. Gewürze und Methode bleiben gleich.

Zwiebeln und Knoblauch müssen für Füllungen stets im Mörser musig gestampft werden, damit keine groben Stücke den Teig beim Ausrollen durchstechen.

KARTOFFEL-FÜLLUNG IV

(aus Kartoffelmehl)

in eine Schüssel geben,	1 Tasse Kartoffelmehl
zufügen und zu einer dünnen Paste verrühren.	½ Tasse Wasser
	1 Prise Asafötida (Hing) und ¼ bis ½ Teel. Anissamen fein zermörsern.
und	1 Teel. Salz
mit der Paste gut vermengen. in einer Pfanne erhitzen. Die Paste zufügen und unter ständigem Rühren solange auf kleiner Flamme backen, bis eine dicke, trockene Füllung entsteht.	1 Eßl. Ghee
Flamme ausschalten, in die Füllung mischen und, wie bereits beschrieben, in die Brote füllen.	1 Teel. Garam Masala

Gefüllte Brote schmecken noch besser, wenn man sie zusammen mit Joghurt oder einem Raita serviert! Außerdem wird die Trockenheit der Kartoffeln ausgeglichen und die Brote werden leichter verdaulich.

FÜLLUNG AUS WEIßEN RÜBEN I
(roh und geraspelt) – SHALGAM-PISHTI

1 bis 2 weiße Rüben

schälen und fein raspeln. Das Rübenwasser mit den Händen auspressen, damit die Füllung trocken wird.

1 kleine Knoblauchzehe
¼ Zwiebel (od. 1 sehr kleine)

im Porzellanmörser breiig stampfen (Zwiebelwasser auspressen und anderem Gemüsegericht zufügen), mit

1 Teel. Garam Masala
1 Prise Muskat
1 Teel. Salz

und den geraspelten Weißen Rüben vermischen und in die Brote füllen.

Sollte die Füllung trotz des Auspressens noch zu feucht sein, kann sie in einer trockenen Pfanne auf kleinster Flamme unter ständigem Rühren noch etwas »nachgetrocknet« werden.

FÜLLUNG AUS WEISSEN RÜBEN II
(gedämpft)

	2 weiße Rüben
schälen, reiben und weichdämpfen.	
In einer Pfanne erhitzen,	1 bis 2 Eßl. Ghee ½ Teel. Bockshornklee-samenpulver 1 getrockneten roten Pfeffer
nacheinander hineingeben und anrösten. Danach die bereits gedämpften weißen Rüben zufügen und etwas mitrösten. Eine Paste herstellen aus	½ Zwiebel 1 sehr kleinen Knoblauchzehe
(beides fein mörsern, Zwiebelwasser auspressen und anderem Gemüsegericht zufügen)	1 Teel. Salz 1 Prise Muskat
zu den Rüben in die Pfanne geben. Feuer ausschalten.	1 Teel. Dal Masala ¼ Teel. zermörserte Granatapfelsamen 1 Prise Korianderpulver
darunternischen und, wie bereits beschrieben, zwischen die Brote füllen.	

PAPADAM

Papadam sind runde, hauchdünne, knusprige Kräcker, die aus Bohnenmehl hergestellt werden. Es gibt sie in den verschiedensten Geschmacksrichtungen – aus unterschiedlichen Bohnensorten und Gewürzen (mit und ohne schwarzen Pfeffer, roten Chili usw.) in speziellen indischen Lebensmittelgeschäften zu kaufen (siehe Bezugsquellen).

Allerdings müssen auch diese gekauften Papadam vor dem Servieren noch zubereitet, d. h. in schwimmendem Ghee oder Kokosnußöl herausgebacken oder vorzugsweise, da besser verdaulich, direkt über dem offenen Feuer (bzw. einer Gasflamme) angeröstet werden.

Einen Karahi, Wok oder eine tiefe Pfanne mit etwas

Ghee oder Kokosnußöl

füllen. Sobald das Öl eine hohe Temperatur erreicht hat (aber bitte nicht rauchen lassen!)

einen hauchdünnen Papadam (evtl. halbiert)

hineingeben. In Sekundenschnelle wird er hochzischen und sich in ein knuspriges Fantasiegebilde von hellbrauner Farbe verwandeln. Den Papadam wenden, sofort wieder aus dem Öl nehmen und auf einem Teller mit Küchenkrepp abtropfen lassen.

Papadam haben einen köstlichen Geschmack, sind sättigend und passen hervorragend zu Reisgerichten, Dals und Salaten.

SAMOSAS I

(fritierte, pikant gefüllte Pasteten mit roher Kartoffelfüllung)

	2 große Kartoffeln
reiben	
und mit	½ Teel. Dal Masala ½ Teel. Oreganosamen ¼ Teel. Mangopulver ¼ Teel. Bockshorn-kleesamen 1 Teel. Granatapfelsamen (fein zermörsert)
und	¼ Teel. Salz
gut vermischen.	
In einer Pfanne	etwas Kokosnußöl
erhitzen und den gewürzten Kartoffelbrei gut durchbacken, dabei ständig rühren.	
In eine tiefe Schüssel	ca. 4 Handvoll feingemahlenes Weizenmehl 1 Teel. Salz 1 Teel. Oreganosamen
und	4 Eßl. flüssiges Kokosnußöl
geben. Die Zutaten mit den Fingerspitzen zu einer flockigen Masse zerreiben. Eine Mulde formen und in die Mitte ca.	½ bis 1 Tasse Wasser
gießen, kräftig durchkneten bis der Teig glatt und elastisch ist (falls der Teig zu trocken ist und nicht zusammenhält, nach und nach noch etwas Wasser oder Öl zufügen).	

So werden die Samosas geformt und gefüllt:
Etwas Teig zwischen den Händen zu einem Bällchen formen und auf einer geölten Arbeitsplatte zu einem Kreis von ca. 9 cm Durchmesser gleichmäßig ausrollen. Mit einem Messer den Kreis diagonal halbieren. Die Ränder an der Schnittkante mit einem in Wasser getauchten Finger anfeuchten und die Ecken des Halbkreises so übereinander legen, daß eine kleine kegelförmige Teigtasche entsteht, in die die bereits fertige Kartoffelfüllung teelöffelweise gefüllt wird. Den oberen, runden Teigrand ebenfalls anfeuchten und gut schließen (siehe Zeichnung). In einem Karahi oder Wok oder einer tiefen Fritierpfanne genügend Kokosnußöl erhitzen und die gefüllten Teigtaschen goldbraun fritieren. Die fertigen Samosas auf einem Teller im Ofen warmhalten. Warm servieren mit Saunth oder Chutney.

Übrigens kann jedes beliebige Pflanzenöl, das keinen starken Eigengeschmack besitzt und sich zum Fritieren eignet, verwendet werden.

Teigball — ausgerollt wie ein Puri — halbiert — Rand mit Wasser anfeuchten

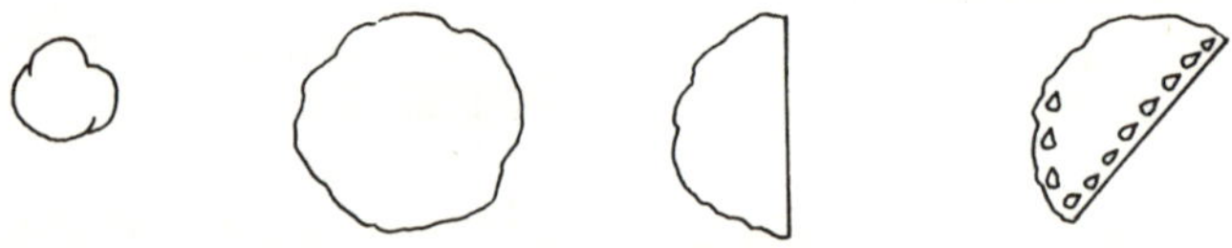

zu einem Hütchen falten und füllen — Rand mit Wasser befeuchten und dicht schließen — In Öl schwimmend ausbacken

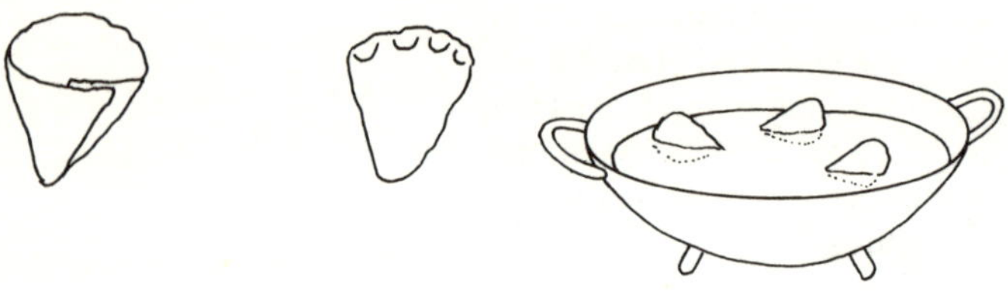

SAMOSAS II

(mit gekochten Kartoffeln und Erbsen gefüllt)

6 Kartoffeln

kochen, schälen und mit den Händen grob zerdrücken.

1 Teel. Salz
1 Teel. Mangopulver
1 Teel. fein zermörserte Granatapfelsamen
1 Teel. Dal Masala
½ Teel. Oreganosamen
½ Teel. Ingwerpulver

und

5 Gramm feingeschnittene frische Ingwerwurzel

zufügen und gut mit den Kartoffeln vermengen. Nach Belieben können auch

100 Gramm gekochte frische grüne Erbsen

zugefügt werden. Der Teig wird wie im vorausgegangenen Samosa-Rezept bereitet, auch das Ausrollen, Füllen und Herausbacken geschieht wie bereits beschrieben.

Samosas können auch mit Panir (Molkenkäse) gefüllt werden, siehe Rezept unter »Füllungen für Brote«.

REIS-GERICHTE

Die nachfolgenden Reis-Gerichte wurden alle mit geschältem weißen, aber unpoliertem Reis zubereitet. Die beste Sorte unter der Langkornreis-Klasse ist der »Basmati-Reis«. Süße Reisgerichte sind im Kapitel »Süßspeisen« zu finden und das Kapitel »Nahrungsmittel« gibt detailliertere Information über den Reis. Basmati-Reis gelingt besonders gut, wenn er vor dem Kochen etwa 30 Minuten eingeweicht wird. Der geschälte Reis wird durch die Kombination mit Hülsenfrüchten, bzw. Gemüsen oder Gewürzen aufgewertet.

KOKOS-REIS

(Grundrezept: als Beilage für 4 Personen)

---

1 Tasse Langkornreis

auslesen, gründlich waschen und 20 Minuten in Wasser weichen lassen. Das Einweichwasser abgießen und den Reis in einem Topf mit

2 Tassen Wasser
⅛ bis ¼ Tasse Kokosnußraspeln
2 Nelken

zum Kochen bringen. Danach 10 Minuten auf kleinster Flamme fertiggaren lassen. Im vorgeheizten Backrohr den Reis bei kleinster Hitze 5 Minuten »austrocknen« lassen.

KHICHRI

Khichri ist die ideale Nahrung für alle Menschen, die an chronischer Ruhr leiden, Magengeschwüre haben oder schlecht Nahrung verdauen können, für alle, die leichte Nahrung zu sich nehmen möchten, gebratene Speisen meiden sollen oder Sadhana (spirituelle Arbeit) praktizieren. Khichri ist bestens geeignet für Kinder, alte oder gebrechliche Menschen und nicht zuletzt für jene, die beim Kochen Zeit sparen möchten. Khichri ist also eine Art Schonkost, die trotzdem köstlich schmeckt.

Rezept für 6 Personen:

---

	1 Tasse Reis
und	1 ½ Tassen Moong Dal
auslesen und waschen.	8 Tassen Wasser
zusammen mit Reis und Dal in	(2 Tassen Wasser für 1 Tasse
den Topf geben	Reis und 6 Tassen Wasser für
	1 ½ Tassen Bohnen)
und mit einem	¾ Teel. Salz
kochen lassen.	

Reis, Bohnen, Wasser und Salz werden in einem gut schließenden Topf auf mittlerer Flamme zum Kochen gebracht. Nach dem ersten Aufkochen einmal umrühren, die Flamme auf ein Minimum reduzieren und für 30 Minuten auf kleinster Flamme leise kochen lassen. In der Zwischenzeit die Backröhre vorheizen. Nach 30 Minuten Khichri von der Flamme nehmen und Backröhre ausschalten. Nun Khichri in die vorgeheizte Backröhre geben und ca. 5 Minuten nachtrocknen lassen. Heiß servieren.

Auf Wunsch kann man folgendes »Dressing« dazureichen:
Pro Person 1 Teel. bis 1 Eßl. Ghee erhitzen und
pro Person ⅛ Teel. Cuminsamen im Ghee kurz anrösten (bis die Samen anfangen zu springen).

Ghee und Cuminsamen werden über das Khichri gegeben und vermischt. Khichri läßt sich auch gut mit Joghurt oder Buttermilch ergänzen.

Ein verdorbener Magen wird sich besser fühlen, wenn er Khichri mit »Zitronen-Pickle« (eingelegten Zitronen) kennenlernt.

Gesunde Menschen können zum Khichri zusätzlich gebratene Papadam, Chutnies oder Pickles essen. Wer jedoch sattvische Kost bevorzugt, muß auf Papadam und Pickles verzichten, darf aber zur Geschmacksverbesserung Zitronen-Pickle oder Ingwer-Pickle (Ingwer eingelegt in Zitronensaft) zufügen.

Khichri kann aus folgenden Bohnen bereitet werden:

1. Urad Bohnen
2. Soyabohnen
3. Halbe Erbsen
4. Rote Linsen
5. Braune oder schwarze Linsen
6. Garam Dal
7. Rote Linsen mit geriebenen Roten Beten.

KHICHRI

(mit roten Linsen und Roten Beten)

Genau wie im Grundrezept für Khichri:

---

	1 Tasse Reis
und	1 ½ Tassen rote Linsen
auslesen und waschen.	
Beides zusammen mit	8 Tassen Wasser
in einem Topf zum Aufkochen	
bringen. Danach feingeraspelt	1 kleine Rote Bete
zufügen und	1 Teel. Salz.
Auf die gleiche Weise wie im Grundrezept beschrieben kochen lassen und servieren.	

REIS MIT CUMINSAMEN

(für 4 Personen)

1 Tasse Reis

auslesen, gut waschen und etwa ½ Stunde in Wasser einweichen.

In einem Topf

2–3 Eßl. Ghee

erhitzen

1 Teel. Cuminsamen

und

2–3 getrocknete rote Pfeffer

zerkleinert darin anrösten. Sobald die Samen anfangen zu springen

2 mittelgroße Zwiebeln

in Würfel geschnitten zufügen und goldbraun rösten. Den eingeweichten Reis (ohne Wasser) zufügen und unter ständigem Rühren etwa 3 Minuten lang anbraten

2 Tassen Wasser (doppelte Menge vom Reis)

zufügen. Den Topf schließen und auf großer Flamme zum Kochen bringen. Sobald der Reis sprudelnd kocht, die Flamme auf ein Minimum reduzieren und

1 Teel. Salz

zufügen. Langsam gar kochen lassen, bis jedes Reiskorn durch ist. Evtl. den fertigen Reis für etwa 5 Minuten in der vorgeheizten Backröhre nachtrocknen lassen.

Mit Raita und Papadam servieren.

PULAO I

(mit Erbsen)
Für 4 Personen

1 Tasse Langkornreis

sorgfältig auslesen, waschen, trocknen.

2 mittelgroße Zwiebeln
1 Knoblauchzehe

kleinschneiden.
In einem Topf

2 Eßl. Ghee

erhitzen, die Zwiebeln solange darin dünsten, bis sie glasig sind und sich das Ghee von ihnen trennt. Knoblauch zufügen und etwas anrösten lassen, den gereinigten Reis in den Topf geben und einige Minuten in Ghee und Zwiebeln braten, dabei ständig umführen und folgende Gewürze zufügen

¼ Teel. Tumerikpulver
2 schwarze Pfefferkörner pro Person
1 Nelke pro Person
1 roter Kardamom ohne Schale auf 4 Personen
8 g frische kleingeschnittene Ingwerwurzel

Danach

2 Tassen heißes Wasser

dazugeben,

1 Teel. Salz
1 Teel. Sesamsamen
oder
1 Eßl. Kokosnußraspel

Nach ca. 15 Minuten wird der Reis trocken und gar sein.

1–2 Tassen tiefgefrorene

zufügen und nach Belieben

Vor dem Servieren mit Papadams einige Minuten ziehen lassen.

Erbsen
1–2 Eßl. geriebene Nüsse (Cashews-, Pinienkerne) und 1 Prise Zimtpulver.

Erbsen

PULAO II

(mit Blumenkohl und Kartoffeln – »Taheri«)
Für 4 Personen

	1 Tasse Langkornreis
auslesen, waschen und in einem sauberen Küchentuch trocknen.	½ kleinen Blumenkohl
in kleine Röschen brechen und säubern.	4 kleine Kartoffeln
gut waschen und mit Schale (falls dünn) in Viertel schneiden.	2 kleine Zwiebeln
in Würfel schneiden, in einem schweren Topf	2–3 Eßl. Ghee
erhitzen und die Zwiebeln glasig dünsten. In der Zwischenzeit ein Grundmasala aus	1 Teel. Tumerikpulver
und	2 Teel. Korianderpulver
in	½ Tasse Wasser einweichen.
Sobald das Ghee sich von den Zwiebeln wieder trennt, darin	1 Teel. Cuminsamen
anrösten, bis die Samen aufspringen,	30 Gramm feingeschnittene frische Ingwerwurzel
zufügen und das bereits eingeweichte Grundmasala zusammen mit	1 Tomate
dazugeben und etwa 3 Minuten kochen lassen, bis das Ghee wieder an der Oberfläche leuchtet. Nun nacheinander den	Reis
hineingeben und unter ständigem Rühren 2 Minuten andünsten, auf die gleiche Art	Kartoffeln
und schließlich den	Blumenkohl
zufügen, sowie	2 Tassen Wasser.

Sobald der Reis aufkocht,
die Flamme auf ein Minimum
reduzieren und

1 Teel. Salz
2 schwarze Pfefferkörner pro Person
1 Nelke pro Person
1 roten Kardamom pro 4 Personen
1 Zimtstange und
2 Lorbeerblätter

zufügen und fertig garen lassen.

Blumenkohl

GEMÜSE-GERICHTE

BITTERMELONE

(Karela) für 4 Personen

Dieses Gericht ist besonders Frauen während der Schwangerschaft zu empfehlen, wo sie es mindestens zwei- bis dreimal die Woche essen sollten. Es ist appetitanregend und verdaulich und heilt alle Krankheiten, die durch eine gestörte Galle (Pitta) verursacht werden. Es unterstützt die Blutreinigung der Leber und hält die drei Humoren Wind, Galle und Schleim (Vayu, Pitta und Kapha) im Gleichgewicht.

	1 Bittermelone (Karela)
waschen und in hauchdünne Scheiben schneiden. Etwas	Salz
darüberstreuen und 3–4 Tage lang abgedeckt an einem warmen Ort ziehen lassen (im Sommer genügen bereits 24 Stunden). Doppelt soviel	Zwiebeln
wie Bittermelone schneiden. Eine Gewürzmischung aus	1 Teel. Tumerikpulver 2 Teel. Korianderpulver
und	1 Teel. Cuminpulver
in	½ Tasse Wasser
einweichen.	

In zwei separaten Tassen je	1 Eßl. Tamarinde
und	1 Eßl. Jaggery
in	½ Tasse Wasser
einweichen. Sobald die Tamarinde aufgeweicht ist, mit den Händen kräftig auspressen, bis das Wasser dunkel wird. Durch ein Sieb passieren, um die Schalen und Samen zu entfernen. In einem Topf mit schwerem Boden	3 Eßl. Ghee oder Senföl
erhitzen. Die Zwiebeln darin andünsten, bis das Fett wieder nach außen tritt. Die bereits eingeweichte Gewürzmischung zufügen und etwa 3 Minuten durchdünsten lassen. Die Scheiben der Bittermelone zufügen und mit	1 Teel. Salz 1 Teel. Anissamen 1 Teel. Fenchelsamen
und dem	Tamarinden-Wasser
solange kochen lassen, bis die Bittermelone ganz weich ist und das Ghee wieder an der Oberfläche leuchtet. Die Flamme ausschalten und nach Geschmack	1 Teel. Garam Masala
daruntermengen. Mit Rotis oder einer anderen beliebigen Brotsorte servieren.	

BROCCOLI-CURRY

(mit Pilzen) für 4 Personen

	500 g Champignons
säubern und in dünne Scheiben schneiden.	
	500 g Broccoli
säubern, Stengel entfernen (aufbewahren, können für ein extra Gericht verwendet werden) und waschen.	
In	¼ – ½ Tasse Wasser
eine Gewürzmischung aus	1 Teel. Tumerikpulver 2 Teel. Korianderpulver 1 Teel. Cuminpulver
einweichen.	
	3 mittelgroße Zwiebeln
schneiden und in einer Pfanne mit	2–3 Eßl. Ghee
solange dünsten, bis sie glasig werden und das Ghee sich wieder trennt.	1 getrockneten roten Pfeffer
in kleine Stücke zerteilen (danach sofort die Hände waschen) und dazugeben. Dann das bereits eingeweichte Masala (Gewürzmischung) zufügen und solange durchkochen lassen, bis das Ghee abermals sich trennt. Die Pilze dazugeben und	1 Teel. Salz.
Sobald die Pilze das von ihnen aufgesogene Ghee wieder abgeben, den Broccoli hinzufügen. Auf mittlerer Flamme fertig garen lassen, dabei öfters	

umrühren. Die Flamme abschalten und eine feingemörserte Gewürzmischung aus

2 schwarzen Pfefferkörnern pro Person
1 Nelke pro Person
1 roten Kardamom (ohne Schale) pro 4 Personen
und
1 Prise Zimt

über das Gemüse geben. Vorsichtig umrühren und wenige Minuten stehen lassen. Mit frischen Rotis, Puris oder Parathas servieren.

GRÜNE BOHNEN

(mit Kartoffeln) für 4 Personen

500 gr. frische Bohnen	waschen und in schmale Stücke schneiden.
2–3 mittelgroße Kartoffeln	sauber waschen und mit der Schale in Würfel schneiden. In einem Wok, Karahi oder Topf mit schwerem Boden
2 Eßl. Senföl	erhitzen. Ersatzweise kann natürlich auch Ghee oder jedes andere hochwertige Pflanzenöl verwendet werden, allerdings ist Senföl vom Geschmack her besonders geeignet.
4 Knoblauchzehen	kleinschneiden und im Öl anrösten.
1 Teel. Bockshornkleesamen	und
1 getrockneten roten Pfeffer	in Stücke brechen und ebenfalls im Öl anrösten. Dann die Bohnen und
1 Teel. Salz	dazugeben. Gut umrühren und etwa 10 Minuten zugedeckt dünsten lassen. Danach die Kartoffelwürfel zufügen. Mehrmals gut umrühren und solange dünsten lassen, bis das Gemüse weich ist und das Öl an der Oberfläche glänzt. Mit einer beliebigen Brotsorte und selbstgemachtem Essig-Pickle (siehe Rezept) servieren.

WEISSKRAUT I

(einfach) für 4 bis 6 Personen

1 Kopf Weißkraut

säubern und in dünne Streifen schneiden. In einem Wok oder Topf mit schwerem Boden

2 Eßl. Senföl

erhitzen,

4 feingeschnittene Knoblauchzehen

darin goldbraunen rösten.

1 Teel. Bockshornkleesamen

und

1 getrockneten roten Pfeffer

in Stückchen brechen, dazugeben und anrösten. Das feingeschnittene Weißkraut zufügen und

1 Teel. Salz

Gut umrühren. Den Wok oder Topf schließen und auf mittlerer Flamme kochen lassen, bis das Kraut weich ist und das Öl an der Oberfläche erscheint. Das Gericht sollte »rösch« aussehen, falls es zu wässrig ist, lassen Sie es die letzten 3 Minuten, bevor Sie die Flamme ausschalten, unter häufigem Rühren auf hoher Flamme und ohne Deckel kochen, damit alles Wasser, das im Kraut selbst enthalten ist, verdunstet. Mit Rotis, Masoor Dal und Raita servieren.

WEISSKRAUT II

(mit Karotten und Kartoffeln) für 4–6 Personen

	1 mittelgroßen Weißkrautkopf
säubern und in dünne Streifen schneiden.	
säubern und raspeln sowie	200 g Karotten
gut waschen und mit der Schale in Würfel schneiden. In einem	2 große Kartoffeln
gußeisernen Wok	2 große Eßl. Senföl
erhitzen,	
feingeschnitten,	4 Knoblauchzehen
	1 Teel. Bockshornkleesamen (gereinigt)
und	1 roten Pfeffer (zerkleinert)
darin anrösten. Das bereits vorbereitete Gemüse dazugeben gut umrühren und	1 Teel. Salz
	2 Eßl. Bockshornkleeblätter
	1 Teel. ganze Koriandersamen
sowie etwa	10 g frische Ingwerwurzel (feingeschnitten)
zufügen, umrühren und auf mittlerer Flamme kochen lassen, bis das Gemüse weich wird und das Senföl an der Oberfläche erscheint. Während des Kochens öfters umrühren, damit nichts anbrennt. Mit Rotis oder Puris und Tomaten-Raita servieren.	

WEISSKRAUT-ROLLEN III

Die Blätter eines	Weißkrautkopfes
vorsichtig lösen und sorgfältig einzeln waschen. Entfernen Sie den harten Stammteil von den Blättern, ohne diese zu zerschneiden. Jedes Krautblatt wie eine Zigarette rollen und mit einem Faden fest umwickeln. In einem Topf mit schwerem Boden (Gußeisen)	2 große Eßlöffel Ghee
erhitzen,	1 Teel. Bockshornkleesamen
darin anrösten,	5–6 große Zwiebeln
in Würfel geschnitten dazugeben und goldbraun rösten. Inzwischen in	¼ Tasse Wasser
	1 Teel. Tumerikpulver
und	2 Teel. Korianderpulver
einweichen. Sobald das Ghee wieder aus den Zwiebeln tritt, die eingeweichte Gewürzmischung zufügen und anbraten, bis das Ghee wieder an der Oberfläche glänzt.	2 Tomaten
dazugeben und zerkochen lassen. Nun die Krautrollen einzeln in den Topf geben	1 Teel. Fenchelsamen
und	1 Teel. Salz
hinzufügen und auf kleiner oder mittlerer Flamme kochen lassen, bis das Kraut weich ist. Öfters umrühren, damit nichts anbrennt. Während der letzten 15 Minuten des Garens	Garam Masala
zufügen.	

Weißkraut

WEISSKRAUT IV

(mit Zwiebeln)

	1 Weißkrautkopf
säubern und in feine Streifen schneiden. In einem Topf mit schwerem Boden	1 Eßl. Senföl
erhitzen,	4 feingeschnittene Knoblauchzehen
und	4 große Zwiebeln
in Würfel geschnitten darin goldbraun rösten.	1 Teel. Bockshornkleesamen (gereinigt)
dazugeben und anrösten. Das bereits vorbereitete	Kraut
und	1 Teel. Salz
zufügen. Den Topf schließen und alles auf mittlerer Flamme weich garen lassen. Sobald das Senföl wieder an der Oberfläche glänzt,	1 Teel. Korianderpulver
und	1 Teel. Cuminpulver
dazugeben. Gut vermengen. Die Flamme ausschalten und	1 Prise Muskat ¼ Teel. Zimtpulver 10 gr. frisch geriebene Ingwerwurzel
und	Garam Masala
im Mörser fein zerstampft zufügen. Mit Puris und Kadhi oder Dal und Parathas servieren.	

KAROTTEN
(mit Erbsen)

	4 große Karotten
säubern und in Scheiben schneiden,	1 Teel. Granatapfelsamen
in etwas Wasser einweichen.	
In einer Pfanne	2 Eßl. Ghee
erhitzen.	½ Teel. Bockshornkleesamen
darin anrösten,	2 kleingeschnittene Knoblauchzehen
und	1 kleinen roten Pfeffer
nacheinander zufügen. Sobald die Gewürze etwas angeröstet sind, die geschnittenen Karotten und die bereits eingeweichten Granatapfelsamen dazugeben. Die Pfanne schließen und die Karotten auf kleiner Flamme weich dünsten.	250 g tiefgefrorene Erbsen
und	1 Teel. Salz
zufügen und 5 bis 10 weitere Minuten dünsten lassen. Dann die Flamme abschalten und für etwa 5 Minuten ziehen und abkühlen lassen.	
Vor dem Servieren	1 Teel. Garam Masala
zufügen.	

KARROTTEN

(mit Kraut und Blumenkohl) für 4 Personen

250 g Karotten
½ kleinen Blumenkohl
½ kleinen Krautkopf

sorgfältig säubern und kleinschneiden.

In einer Pfanne

2–3 Eßl. Ghee

erhitzen und

½ Teel. Bockshornkleesamen
½ Teel. Koriandersamen
3 Knoblauchzehen
1 getrockneten roten Pfeffer

nacheinander im Ghee anrösten. Danach die geschnittenen Gemüse dazugeben, die Pfanne schließen und auf kleiner Flamme weich dünsten lassen. Zwischendurch umrühren und

1 Teel. Salz

zufügen. Es wird kaum nötig sein, dem Gemüse zusätzlich Flüssigkeit zuzufügen, da Karotten, Kraut, wie auch Blumenkohl selbst, Wasser enthalten. Sobald das Gemüse weich ist, den Deckel von der Pfanne nehmen, die Flamme größer stellen und das Gemüse 5 Minuten lang backen lassen, damit es etwas trocken wird. Vor dem Servieren

1 Teel. Garam Masala

darübergeben.

KARROTTEN

(mit Rosenkohl) für 4 Personen

300 g Karotten
300 g Rosenkohl

und
sorgfältig säubern und kleinschneiden.
Die Zubereitungsart und Zutaten bleiben die gleichen wie im Rezept »Karotten mit Kraut und Blumenkohl«.

Karotten

BLUMENKOHL I

(mit geraspelten Karotten und Erbsen) für 4 Personen

	1 Blumenkohl
gut säubern und in kleine Röschen brechen	
säubern und raspeln. Das Gemüse in einem Wok fritieren.	300 gr. Karotten
In einem extra Topf mit schwerem Boden erhitzen	1 großen Eßl. Ghee
und	3 feingeschnittene Knoblauchzehen 1 Teel. Bockshornkleesamen 1 getrockneten roten Pfeffer
zerkleinert darin anrösten, das bereits fritierte Gemüse zufügen, gut umrühren.	
dazugeben und 10 Minuten im geschlossenen Topf schmoren lassen, häufig umrühren.	1 Teel. Salz 4–6 Lorbeerlätter 1 Zimtstange 2 schwarze Pfefferkörner pro Person 1 Nelke pro Person 1 roten Kardamom pro Person (ohne Schale)
zufügen und weitere 15 Minuten kochen lassen.	250 gr. tiefgefrorene Erbsen
feingerieben daruntermengen und die Flamme ausschalten.	10 gr. frische Ingwerwurzel

Anmerkung: Vorfritiertes Gemüse hat einen besonderen Geschmack und bewahrt besser die Form, ist jedoch schwerer verdaulich.

BLUMENKOHL II

(einfach) für 4 Personen

Die Röschen eines	mittelgroßen Blumenkohl
vom Strunk entfernen und sorgfältig säubern.	
	4 große Kartoffeln
gründlich waschen und mit Schale in Würfel schneiden.	
In	¼ – ½ Tasse Wasser
	1 Teel. Tumerikpulver
	2 Teel. Korianderpulver
und	1 Teel. Ingwerpulver
einweichen.	
	4 mittelgroße Zwiebeln
in Würfel schneiden,	3 Knoblauchzehen
in dünne Scheiben schneiden.	
In einem weiten Topf	3 Eßl. Ghee
erhitzen, Zwiebeln und Knoblauch darin glasig dünsten. Sobald sich das Ghee von ihnen wieder trennt, die bereits eingeweichte Gewürzmischung zufügen und solange durchkochen lassen, bis Ghee abermals nach außen tritt.	1 große Tomate
zufügen und weichkochen lassen. Nun den Blumenkohl in den Topf geben, gut aber sorgfältig umrühren und einige Minuten dünsten lassen, die bereits vorbereiteten Kartoffeln und – wenn nötig –	½ – 1 Tasse Wasser
zufügen. Den Topf schließen und 5 Minuten weiterdünsten. Danach werden dem Gemüse folgende Gewürze der Reihe	

nach dazugegeben:

1 Teel. Salz
2 ganze schwarze Pfefferkörner pro Person
1 Nelke pro Person
1 roter Kardamom (ohne Schale) pro 4 Personen
4–6 Lorbeerblätter
2 Zimtstangen

Gut vermengen, den Topf schließen und auf kleinerer bis mittlerer Flamme solange dünsten, bis das Gemüse weich ist und das Ghee wieder an der Oberfläche erscheint.
Mit einer beliebigen Brotsorte servieren.

AUBERGINEN-CHIPS

(Bhengan-Chips)

Nach dem gleichen Rezept kann man auch Kartoffeln, Karotten, grüne Bananen (Kela bzw. Plantanen) als köstliche Chips bereiten. Die jeweiligen Gemüse sollten dünn geschnitten und knusprig geröstet werden.

1 Aubergine

waschen und in dünne Scheiben schneiden. In einer schweren Pfanne

1 Eßl. Kokosnußöl (ist sehr leicht, ersatzweise kann jedoch ein beliebiges anderes hochwertiges Pflanzenöl oder auch Ghee verwendet werden)

erhitzen. Die Auberginenscheiben darin von beiden Seiten braten. Sobald sie knusprig sind, aus dem Öl nehmen, abtropfen lassen und mit einer Gewürzmischung aus

1 Teel. Salz
etwas frisch gemahlenem schwarzen Pfeffer
1 Teel. Cuminpulver
1 Teel. Korianderpulver
und nach Belieben

mit

1 Prise Mangopulver

und

1 Prise Zimtpulver

bestreuen.
Mit Tschai servieren.

AUBERGINEN

(mit Zwiebeln) für 4 Personen

	2 mittelgroße Auberginen
waschen und mit einer Gabel rundherum einstechen. (Falls vorhanden, in Alufolie einwikkeln), in der Backröhre weich garen lassen, bis sich die Schale leicht löst.	2 Eßl. Ghee
in einer Pfanne erhitzen,	4 in Würfel geschnittene Zwiebeln
darin andünsten, bis das Ghee wieder an der Oberfläche erscheint.	1 Teel. Granatapfelsamen
kurz anrösten und die gekochten, geschälten Auberginen zufügen. 5–10 Minuten auf kleiner Flamme kochen lassen,	1 Teel. Salz
darübergeben. Das Feuer ausschalten. Nach Belieben eventuell noch unter die Auberginen mischen.	1 Teel. Garam Masala

AUBERGINEN-PÜREE I

(Bharta Bhengan) für 4 Personen

	2 große Auberginen
waschen und mit einer Gabel rundherum einstechen. In Aluminiumfolie (falls vorhanden) einwickeln und in der heißen Backröhre weich schmoren lassen. Aus dem Ofen nehmen und die Schale abpellen. Das Aubergineninnere zu einem Püree zerdrücken.	
In einem Topf	2–3 Eßl. Ghee
erhitzen.	2 geh. Knoblauchzehen
und	1 Teel. Bockshornkleesamen
darin goldbraun rösten.	1 getrockneten roten Pfeffer
kleingebrochen zufügen	(nach Wunsch)
und	4–6 mittelgroße Zwiebeln
gewürfelt dazugeben und goldbraun braten. Wenn das Ghee wieder aus den Zwiebeln tritt,	
das Auberginenpürcc und	1 Teel. Salz
in den Topf geben. Gut umrühren und etwa 10 Minuten lang kochen lassen.	
Die Flamme ausschalten und	1 Teel. Granatapfelsamen
grob zermörsern und zufügen. Gut umrühren. Mit Rotis servieren.	

AUBERGINEN-PÜREE II
(Bharta Bhengan)

Das Gericht wie oben beschrieben zubereiten, jedoch

1 Teel. Tumerikpulver und
2 Teel. Korianderpulver

eingeweicht in
½ Tasse Wasser

sowie, nach Geschmack,
1 Tomate

zufügen, nachdem die Zwiebeln goldbraun sind. Solange kochen lassen, bis das Ghee wieder austritt. Weiter wie zuvor beschrieben.

Auberginen

GRÜNE BANANE I

(gekocht) für 4 Personen

Die grüne Banane ist auch als Kela oder Plantane bekannt. Sie kann sehr abwechslungsreich zubereitet werden. Als pikantes Gemüse, in Form von Chips (siehe Auberginen-Chips) oder in Form von Süßspeisen.

	2 Kelas mit Schale
in einem Topf mit	Wasser
bedeckt weichkochen.	
Inzwischen in	½ Tasse Wasser
ein Masala aus	1 Teel. Tumerikpulver
	2 Teel. Korianderpulver
einweichen.	1 Teel. Cuminpulver
und	4 mittelgroße Zwiebeln
kleinschneiden.	2 Knoblauchzehen
und	1 Handvoll dieser Zwiebeln
in einem Stein- oder Porzellanmörser (oder im ganzen auf einer Küchenreibe oder mit einem Mixer) zu einer Paste zerreiben und der bereits weichenden Gewürzmischung zufügen. In einer Pfanne	1 Knoblauchzehe
	2 Eßl. Ghee
erhitzen und	1 Teel. Bockshornkleesamen
darin anrösten. Die restlichen Zwiebeln und Knoblauch dazugeben und glasig dünsten. Sobald das Ghee aus den Zwiebeln wieder austritt, die eingeweichte Gewürzmischung zugeben. Etwa 3 Minuten	

durchkochen lassen,

1 Tomate

zufügen und, wenn das Ghee wieder an der Oberfläche erscheint, die bereits gekochten, nun geschälten und in Scheiben geschnittenen Kela mit

1 Teel. Salz

hineingeben und etwa 20 Minuten zusammen dünsten lassen. Mit einer beliebigen Brotsorte servieren.

Bananen

GRÜNE BANANE II

(roh) für 2 Personen

	1 Kela (für 2 Personen)
waschen, gründlich abschaben und in dünne Scheiben schneiden.	
In einweichen.	½ Tasse Wasser 1 Teel. Tumerikpulver 2 Teel. Korianderpulver 1 Teel. Cuminpulver
und klein schneiden.	2 mittelgroße Zwiebeln 3 Knoblauchzehen
In einem Topf erhitzen und darin anrösten. Knoblauch und Zwiebeln zufügen und glasig dünsten. Sobald das Ghee aus den Zwiebeln tritt, die eingeweichte Gewürzmischung zufügen und etwa 3 Minuten durchkochen lassen.	1 Eßl. Ghee ¼ Teel. Bockshornkleesamen
dazugeben und zerkochen lassen.	1 Tomate
Die Bananenscheiben und zufügen und solange auf mittlerer Flamme dünsten lassen, bis das Gemüse weich ist. Mit einer beliebigen Brotsorte servieren.	1 Teel. Salz

GRÜNE BANANE III

(mit Champignons) für 4 Personen

	1 Kela
waschen, sauber abschaben und roh raspeln.	250 g Champignons
säubern und in dünne Scheiben schneiden. In Gewürzmischung aus	½ Tasse Wasser 1 Teel. Tumerikpulver 2 Teel. Corianderpulver 1 Teel. Cuminpulver
einweichen. und kleinschneiden. In einem Wok	4 Zwiebeln 3 Knoblauchzehen
oder Topf erhitzen und darin anrösten. Knoblauch und Zwiebeln dazugeben und glasig dünsten. Sobald Ghee austritt,	2 Eßl. Ghee ½ Teel. Bockshornkleesamen
die eingeweichte Gewürz- mischung zufügen und	1 Tomate.
etwa 3 Minuten durchkochen lassen. Die geraspelte Kela und dazugeben und etwa 10 Minuten auf kleiner Flamme kochen lassen. Die Champignons zu- fügen und unter häufigem Um- rühren zusammen weich kochen lassen, bis das Ghee wieder an der Oberfläche glänzt. Mit be- liebiger Brotsorte servieren.	1 Teel. Salz

PAPRIKASCHOTEN

(mit Auberginen und Kartoffeln) für 4 Personen

	3 große frische Paprikaschoten
und	1 Aubergine
waschen und in dünne Scheiben schneiden.	
	3 mittelgroße Kartoffeln
gut putzen und mit der Schale würfeln. In einem Topf	
	3 Eßl. Ghee
erhitzen,	3 große feingeschnittene Knoblauchzehen
und	1 Teel. Bockshornkleesamen
leicht darin anrösten.	1 getrockneten roten Pfeffer
zerkleinert dazugeben und solange braten, bis sie goldbraun sind und das Ghee wieder nach außen abgeben.	4–6 gewürfelte Zwiebeln
Inzwischen in	½ Tasse Wasser
	1 Teel. Tumerikpulver
	2 Teel. Korianderpulver
und	1 kleine zerriebene Zwiebel
einweichen. Die Gewürzmischung dazugeben und einige Minuten kochen lassen, bis das Ghee wieder erscheint.	1 große Tomate
zufügen und zerkochen lassen. Danach das vorbereitete Gemüse und	1 Teel. Salz
zufügen. Gut umrühren, bedekken und weichgaren lassen. Während der letzten 3 Minuten des Garens	10–15 gr. frisch zerriebene Ingwerwurzel
dazugeben.	
Die Flamme ausschalten und	1 ½ Teel. zerstoßene Granatapfelsamen
zufügen.	

GRÜNE TOMATEN

(für 4 Personen)

	500 gr. grüne Tomaten
und	300 gr. Kartoffeln
sorgfältig säubern und in Viertel schneiden.	
In einem Topf	2 Eßl. Ghee
erhitzen,	2 kleingeschnittene Knoblauchzehen
und	1 Teel. Bockshornkleesamen
darin anrösten.	4 große Zwiebeln
in Würfel geschnitten zufügen und goldbraun rösten.	
Inzwischen	1 Teel. Tumerikpulver
und	2 Teel. Korianderpulver
in	½ Tasse Wasser
einweichen. Sobald das Ghee wieder aus den Zwiebeln tritt, die eingeweichte Gewürzmischung zufügen und solange kochen lassen, bis das Ghee wieder an der Oberfläche erscheint. Das vorbereitete Gemüse dazugeben und	1 Teel. Salz.
Gut umrühren und auf niedriger Flamme weich kochen lassen. Während der letzten 15 Minuten des Garens	4 Lorbeerblätter 2 Zimtstangen 1 Nelke pro Person 2 schwarze Pfefferkörner pro Person
und	1 roten Kardamom (Samen)
zufügen.	

OKRA

(mit getrocknetem roten Pfeffer) für 4 Personen

Okra wird in Hindi auch »Bhindi« und in Englisch »Lady Fingers«, was soviel wie »Damen Finger« heißt, genannt. Tatsächlich haben sie die Länge von Fingern und laufen nach vorne spitz zu. Okra sollten grundsätzlich vor dem Schneiden gründlich gewaschen werden! Kommen sie nämlich nach dem Schneiden mit Wasser in Berührung, werden sie ungeheuer schleimig. Die kleinen indischen Okras haben einen intensiveren Geschmack als die größeren afrikanischen. Okras sind auch auf deutschen Gemüsemärkten und sogar in Gemüseabteilungen von Kaufhäusern zu finden. Sie haben eine grüne Farbe und gehören zur Familie der Malvengewächse.

	500 gr. Okra
Vor dem Schneiden gründlich waschen, abtrocknen und dann der Länge nach halbieren.	
in Würfel schneiden. In einem	200 gr. Zwiebeln
Karahi oder Wok erhitzen.	2 Eßl. Senföl oder Ghee
in Stückchen brechen und kurz anrösten. Die Zwiebeln zufügen und glasig dünsten. Sobald sich das Öl von den Zwiebeln trennt,	1 getrockneten roten Pfeffer
die Okras zufügen und	1 Teel. Salz
Das Gemüse weich dünsten. Wer zu Blähungen neigt, kann	1 Teel. Bockshornkleesamen oder 1 Teel. Cuminsamen
auch zusätzlich mit anrösten.	

OKRA-CURRY

für 4 Personen

	500 gr. Okra
sorgfältig im ganzen waschen. Danach in einem sauberen Küchentuch gut abtrocknen und der Länge nach halbieren.	
In	½ Tasse Wasser
die Grundgewürzmischung von	1 Teel. Tumerikpulver
und	2 Teel. Korianderpulver
einweichen.	
In einer Pfanne	2 Eßl. Ghee
erhitzen.	2 Knoblauchzehen
und	200 gr. Zwiebeln
kleinschneiden und im Ghee glasig dünsten. Sobald das Ghee sich wieder von den Zwiebeln trennt, die bereits eingeweichte Gewürzmischung zufügen und etwa 3 Minuten durchkochen lassen. Dann die halbierten Okra dazugeben und	1 Teel. Salz.
Alles zusammen weichdünsten lassen. Kurz bevor Sie die Flamme abschalten,	½ Teel. Mangopulver
dazugeben. Danach noch etwas durchziehen lassen und mit einer beliebigen Brotsorte servieren. Ist kein Mangopulver vorhanden, ersatzweise ein anderes sauer schmeckendes Gewürz (od. Tomaten) zufügen.	

OKRA

(mit Weißen Rüben) für 4 Personen

500 gr. Okra

erst waschen, gut abtropfen lassen oder abtrocknen, dann der Länge nach halbieren.

200 gr. weiße Rüben

fein reiben,

200 gr. Zwiebeln

in kleine Würfel schneiden.

In

½ Tasse Wasser

ein Grundmasala aus

1 Teel. Tumerikpulver
2 Teel. Korianderpulver

einweichen.

In einer Pfanne

3 Eßl. Ghee

erhitzen, Zwiebeln darin glasig dünsten. Sobald Ghee wieder an die Oberfläche tritt, die geriebenen weißen Rüben hineingeben und 5 Minuten dünsten lassen.

1 Teel. Salz

zufügen und weitere 5 Minuten dünsten.

Dann das bereits eingeweichte Masala hineingeben und unter ständigem Rühren solange dünsten, bis das Ghee wieder austritt. Okra zufügen und

½ Teel. Mangopulver

darübergeben.

Das Gemüse auf niedriger Flamme weichdünsten lassen, bis das Ghee wieder an der Oberfläche erscheint. Mit einer beliebigen Brotsorte servieren.

KARTOFFELN

(mit frischem Basilikum) für 4 Personen

2 Kartoffeln pro Person	gut waschen und mit Schale in Viertel schneiden.
2–3 Eßl. Senföl	In einem gußeisernen Wok erhitzen.
3 große Knoblauchzehen	in Scheibchen geschnitten darin goldbraun rösten,
1 Teel. Bockshornkleesamen	und
1 zerkleinerten roten Pfeffer	zufügen und anrösten.
1 großen Bund Basilikum	gut gewaschen und fein geschnitten dazugeben, umrühren und die Kartoffeln mit
1 Teel. Salz	gut umrühren, den Wok mit einem Deckel schließen und das Gericht auf mittlerer Flamme kochen lassen, bis die Kartoffeln weich, doch noch in Form sind.

Okra

KARTOFFEL-TOPF

(mit ganzen, fritierten Kartoffeln und Joghurt) – Alu Dam
für 4–6 Personen

	8 kleine Kartoffeln
mit der Schale im ganzen weichkochen. Anschließend pellen und rundherum vorsichtig mit einer Gabel einstechen. In einem Wok erhitzen und die ganzen Kartoffeln darin schwimmend goldbraun fritieren. In	Ghee
	½ Tasse Wasser 1 Teel. Tumerikpulver 2 Teel. Korianderpulver
einweichen.	4 Zwiebeln
in Würfel schneiden.	3 Eßl. Ghee
in einem schweren Topf erhitzen. Die Zwiebeln glasig dünsten. Wenn sich das Ghee von den Zwiebeln separiert, das bereits eingeweichte Masala zufügen und etwa 3 Minuten durchkochen lassen. Die fertig fritierten Kartoffeln im ganzen hineingeben, zusammen mit	2 schwarzen Pfefferkörnern pro Person 1 Nelke pro Person
dem Inhalt von	1 roten Kardamom ½ Teel. Fenchelsamen 2 Zimtstangen 4 Lorbeerblättern
und	¼ Liter Joghurt
unter ständigem Rühren etwa 3 Minuten durchkochen lassen.	
Mit	½ Tasse Wasser pro Person
aufgießen.	1 Teel. Salz zufügen.

Den Deckel schließen und kochen lassen, bis das Ghee an der Oberfläche erscheint (Fettaugen).

1 Prise Muskat

zufügen. Flamme ausschalten und 15 Minuten ziehen lassen. Mit einer beliebigen Brotsorte servieren.

KARTOFFELN

(mit Cuminsamen) für 4 Personen

---

2 mittelgroße Kartoffeln pro Person

gut waschen und mit Schale in dünne Scheiben schneiden (etwa ½ cm dick). In einem Wok oder Topf mit schwerem Boden

2–3 Eßl. Senföl

erhitzen

1 gehäuften Teel. Cuminsamen

und

1 getrockneten roten Pfeffer

zerkleinert darin anrösten. Die Kartoffelscheiben und

1 Teel. Salz

zufügen. Den Wok mit einem Deckel schließen.
Die Kartoffeln weich schmoren lassen. Häufig umrühren, damit sie nicht anbacken. Mit Puris und Tomaten-Raita servieren.

Ein Teil dieses Gerichts kann feinzerdrückt in Rotis oder Parathas gefüllt werden.

KARTOFFELN

(mit Bockshornkleeblättern) – Methi Alu für 4 Personen

500 gr. Kartoffeln

gut waschen und mit der Schale vierteln. In einer kleinen Schüssel etwa

30 gr. Bockshornkleeblätter

mit

½ Tasse Wasser

10 Minuten einweichen. Die Blätter sollten gut bedeckt sein. In einem Wok oder Topf mit schwerem Boden

3 Eßl. Senföl (schmeckt besonders pikant, ersatzweise kann aber auch Ghee verwendet werden).

erhitzen.

3 Knoblauchzehen

in Scheiben schneiden und im Öl anrösten.

1 getrockneten roten Pfeffer

zerkleinern und nach Belieben zufügen.

Die geviertelten Kartoffeln und

1 Teel. Salz.

hineingeben. Unter ständigem Rühren einige Minuten auf mittlerer Flamme schmoren lassen. Die bereits eingeweichten Bockshornkleeblätter mit dem Einweichwasser dazugeben. Gut umrühren und den Wok oder Topf mit einem Deckel schließen. Ab und zu umrühren und weich kochen lassen. Mit Puris oder Rotis und Essig-Pickle servieren.

Dieses Gericht schmeckt sehr pikant und ist gesund. Bockshornkleeblätter erzeugen ein Wohlgefühl im Magen- und Darmbereich.

KARTOFFEL-CURRY

für 6 Personen

	1 kg Kartoffeln
gut reinigen und mit der Schale in Viertel schneiden. In einem Topf mit schwerem Boden	2 große Eßl. Ghee
erhitzen,	4 große Zwiebeln
in Würfel geschnitten, darin anrösten. Inzwischen	1 Teel. Tumerikpulver 2 Tee. Korianderpulver
in	½ Tasse Wasser
einweichen. Sobald die Zwiebeln goldbraun werden und das Ghee wieder abgeben, die eingeweichte Gewürzmischung zufügen und einige Minuten kochen lassen, bis das Ghee wieder an der Oberfläche leuchtet.	1 Tomate
zufügen und zerkochen lassen.	1 Teel. Oreganosamen (gut gereinigt)
dazugeben. Den Topf bedecken und die Kartoffeln nicht zu weich kochen. Gelegentlich umrühren, damit sie nicht anbrennen. Während der lezten 10 Minuten des Garens	1 Teel. Salz 4 Lorbeerblätter 1 Nelke pro Person 2 schwarze Pfefferkörner pro Person
die Samen von	1 roten Kardamom
und	1 große Zimtstange
zufügen.	

BACKKARTOFFELN

(mit deftigen, rohen Zutaten) – Choki für 2 Personen

3 große Kartoffeln

waschen und mit einem Messer die Schale kreuzweise einritzen. In Aluminiumfolie gut einwickeln und in der Backröhre weichgaren lassen. Die fertigen Kartoffeln abkühlen lassen und mit den Händen zerdrücken.

1 große Zwiebel

in feine Würfel schneiden,

2 Knoblauchzehen

feinhacken und mit der Zwiebel zu den Kartoffeln geben.

2 rote Chilipfeffer,
frisch oder getrocknet,

in sehr kleine Stücke brechen oder im Mörser fein zerreiben und zufügen.

1 Teel. Salz
1 Teel. Cuminpulver
1 Teel. Garam Masala
1 Eßl. Senföl
(gibt pikanten Geschmack)

und

1 Teel. Mangopulver
(ersatzweise 1 Tomate oder Zitronensaft)

gut daruntermengen.
20 Minuten durchziehen lassen und servieren. Nach Belieben können Puris oder Rotis oder ein zweites Gemüse- oder Dal-Gericht gereicht werden.

KARTOFFELN

(mit Korianderblättern) für 4 Personen

500 g Kartoffeln

gut waschen und nicht zu weich kochen lassen.

In einem anderen Topf

2 Eßl. Ghee

erhitzen,

1 Teel. Cuminsamen

und

2 getrocknete rote Pfeffer

zerkleinert darin anrösten. Die bereits vorgekochten Kartoffeln geschält und geviertelt mit

1 Teel. Salz

zufügen. Gut umrühren und weitere 10 Minuten kochen lassen. Die Flamme ausschalten und etwa

2 Hände voll frischer Korianderblätter (gut gereinigt)

über die Kartoffeln geben. Den Topf zudecken und die Kartoffeln noch einige Minuten ziehen lassen.

Kartoffeln

KÜRBISSCHALENGEMÜSE

für 4 Personen

	Kürbisschalen
gründlich waschen und fein schneiden,	
	6 Kartoffeln
sorgfältig säubern und mit Schale vierteln.	
	1 Zwiebel pro Person
und	2 große Knoblauchzehen
kleinschneiden und zusammen mit den Kürbisschalen und den Kartoffeln in einen Topf mit schwerem Boden geben.	
	1 Teel. Tumerikpulver 2 Teel. Korianderpulver 1 Teel. Salz
und soviel	Wasser
dazugeben, daß das Gemüse leicht bedeckt ist. Den Deckel schließen und alles auf großer Flamme zum Kochen bringen. Sobald das Wasser kocht, die Hitze reduzieren und solange sachte kochen lassen, bis die Schalen weich und trocken werden.	
In einer extra Pfanne oder Topf erhitzen,	2 Eßl. Ghee oder Senföl
und	1 Teel. Bockshornkleesamen 1 Prise Asafötida (Hing)
darin anrösten und die fertig gekochten Kürbisschalen hinzufügen. Einige Minuten unter ständigem Rühren schmoren lassen. Mit Rotis oder Puris servieren.	

Kürbis

ROTE BETE

(mit Erbsen) für 4 Personen

	2 große Rote Bete
schälen und in feine Stücke schneiden.	
In	½ Tasse Wasser
eine Grundgewürzmischung aus	1 Teel. Tumerikpulver 2 Teel. Korianderpulver
einweichen	
	3 mittelgroße Zwiebeln
in Würfel schneiden.	
In einer Pfanne	2 Eßl. Ghee od. Senföl
erhitzen, die Zwiebeln darin glasig dünsten; sobald das Ghee aus den Zwiebeln wieder austritt, die bereits eingeweichte Gewürzmischung zufügen und kurz aufkochen lassen, bis Ghee abermals zum Vorschein kommt,	1 geviertelte Tomate
zufügen und weichkochen lassen. Die feingeschnittenen Roten Bete in die Pfanne geben und weichdünsten lassen.	200 g gefrorene Erbsen
in etwas lauwarmem Wasser auftauen und (ohne Wasser) zu den Roten Beten geben,	1 Teel. Salz
und	4 Lorbeerblätter
zufügen und 5 weitere Minuten auf kleiner Flamme dünsten lassen. Feuer abschalten.	½ Teel. Zimtpulver
und frisch gemörsertes Garam Masala, bestehend aus	2 schwarzen Pfefferkörnern pro Person 1 Nelke pro Person

und

darübergeben. Einige Minuten durchziehen lassen und mit einer beliebigen Brotsorte servieren.

1 roten Kardamom (ohne Schale) pro 4 Personen

Rote Bete

LAUKI

für 4 Personen

Lauki ist eine Flaschen-Kürbisart, die in tropischen Ländern wächst und unter vielen Namen bekannt ist.

	1 Lauki
schälen und in dünne Scheiben schneiden.	
In	½ Tasse Wasser
	1 Teel. Tumerikpulver
und	2 Teel. Korianderpulver
einweichen.	
	1 Zwiebel
in Würfel schneiden. In einem Topf oder einer tiefen Pfanne	2 Eßl. Ghee (nie Öl verwenden)
erhitzen und die Zwiebel glasig dünsten. Sobald sich das Ghee von der Zwiebel trennt, die bereits eingeweichte Gewürzmischung zugeben und durchkochen lassen, bis sich Ghee wieder separiert. Nun die Lauki-Scheiben dazugeben,	1 Teel. Salz
darübergeben und Pfanne oder Topf schließen; dünsten lassen, bis die Lauki weich ist, was innerhalb weniger Minuten der Fall sein wird. Nach Belieben kann dieses Gemüse trocken, mehr flüssig oder als Suppe bereitet werden. Im letzteren Fall während des Kochens	noch lauwarmes Wasser
zufügen.	

Vor dem Servieren mit Puris oder Parathas einige Minuten ziehen lassen.

Lauki ist ein sehr leicht verdauliches Gemüse und kann von Menschen jeden Alters problemlos genossen werden. Lauki sollte allerdings nie in Öl zubereitet werden, sondern ausschließlich in gereinigter Butter (Ghee).

Lauki

TARO-WURZEL I

(gekocht) für 4 Personen

Die Taro-Wurzel wird auch Arwi oder Ghuiya genannt. Sie kann roh oder gekocht verwendet werden. Sie schmeckt besonders gut, wenn sie in Senföl zubereitet wird, allerdings kann ersatzweise Ghee oder ein anderes hochwertiges Pflanzenöl verwendet werden. Da die Wurzel beim Schälen ein leicht prickelndes Gefühl auf der Haut hervorruft, ist es empfehlenswert, etwas Öl oder Ghee auf die Hände zu geben, bevor man die Wurzel zu schälen beginnt.

	6 Taro-Wurzeln
waschen und mit der Schale in einem Topf mit	Wasser
bedeckt weichkochen wie Pellkartoffeln. Anschließend etwas abkühlen lassen, schälen und mit den Händen in Stücke brechen. Dieselbe Menge	Zwiebeln wie Wurzeln
und die doppelte Menge als gewöhnlich kleinschneiden.	Knoblauch (etwa 6 Zehen)
In einer Pfanne mit schwerem Boden	3 Eßl. Senföl (oder Ghee)
erhitzen, Knoblauch und	1–2 kleine rote getrocknete Pfeffer
anrösten, Zwiebeln zufügen und glasig dünsten. Sobald das Öl wieder aus den Zwiebeln tritt, die gekochten Taro-Wurzel Stücke zufügen sowie	1 guten Teel. Oreganosamen (Ajwain)
und	1 Teel. Salz

Alles noch etwa 10 Minuten gut durchdünsten lassen.
Mit Rotis servieren.

TARO-WURZEL II

(roh) für 4 Personen

	6 Taro-Wurzeln
schälen und in kleine Stücke schneiden.	
In	½ Tasse Wasser
	1 Teel. Tumerikpulver
und	2 Teel. Korianderpulver
einweichen.	
	Zwiebeln (gleiche Menge wie Wurzeln)
kleinschneiden; in einer Pfanne	3 Eßl. Senföl (oder Ghee)
erhitzen und Zwiebel darin glasig bis hellbraun dünsten. Sobald sich das Öl wieder von den Zwiebeln trennt, das bereits eingeweichte Masala zufügen, kurz durchkochen lassen – bis das Öl wieder zum Vorschein kommt. Die kleingeschnittenen rohen Wurzelstücke zufügen,	
	1 Teel. Salz 1 Teel. Oreganosamen (Ajwain) 4 Lorbeerblätter 2 ganze schwarze Pfefferkörner pro Person 1 roten Kardamom (ohne Schale) pro 4 Personen 1 Prise Zimtpulver
zum Gemüse geben und alles zusammen weich dünsten lassen. Dann das Feuer ausschalten und das Gericht noch etwa 5 Minuten ziehen lassen. Mit einer beliebigen Brotsorte oder Reis servieren.	

TARO-WURZEL-GEMÜSE I
(mit Linsen)

1 Tasse Linsen	auslesen, waschen und einweichen.
4 Taro-Wurzeln	roh schälen und in kleine Stücke schneiden. In einem Topf mit schwerem Boden
4 Tassen Wasser	zum Kochen bringen. Sobald das Wasser warm wird
1 Teel. Tumerikpulver	und
2 Teel. Korianderpulver	zufügen. Wenn die Mischung aufkocht,
Linsen und Wurzelstücke	zusammen in den Topf geben und mit
1 Teel. Salz	weichkochen lassen. Die Flamme ausschalten und nach Belieben
1 Teel. Dal-Masala (siehe Grundrezept »Masalas«)	zufügen.

Wie gewöhnlich wird auch dieses Linsen-Gericht mit einem Tarka versehen. (Tarka-Grundrezept ist unter »Masalas« zu finden). Das Tarka in den Topf geben und den Deckel schließen.
Mit einem Zwiebel-Dressing und Reis oder einer beliebigen Brotsorte servieren.

TARO-WURZEL-GEMÜSE II

(roh, mit Chili)

	6 Taro-Wurzeln
roh schälen und in kleine Stücke schneiden.	
	Zwiebeln (gleiche Menge wie Wurzeln)
und	4–6 Knoblauchzehen
kleinschneiden.	2–3 Eßl. Senföl oder Ghee
in einer Pfanne	
erhitzen, Knoblauch und	1 getrockneten roten Pfeffer
leicht braun rösten, Zwiebeln glasig bis leicht braun dünsten. Sobald das Fett wieder außen erscheint, die rohen Wurzelstücke mit	
	¼ Tasse Wasser
und	1 Teel. Salz
zufügen. Auf mittlerer Flamme weich garen lassen. Mit Puris, Rotis (Chapatis) oder Parathas servieren.	

ZUCCHINI-BÄLLCHEN

für 4 Personen

3 mittelgroße Zucchini

waschen, schälen und fein raspeln. Das Zucchiniwasser mit den Händen auspressen und einem anderen Gemüse zufügen.

½ Tasse Kichererbsenmehl

durchgesiebt zu den Zucchiniraspeln geben, sowie

1 Teel. Salz
1 Teel. Cuminpulver
1 Prise Zimtpulver
1 Prise Nelkenpulver
etwas gemahlenen schwarzen Pfeffer

und den Inhalt von

2 grünen Kardamomkapseln

fein zermörsert daruntermischen. Gut verrühren, bis ein dickpastiger Teig entsteht, aus dem teelöffelgroße Bällchen geformt werden können. Die Gemüsebällchen im schwimmenden

Ghee

herausbacken.

ZUCCHINISCHALEN

(mit Backkartoffeln) für 4 Personen

Pro Person	2 mittelgroße Kartoffeln
waschen, die Schale dranlassen und mit einem Messer an beiden Seiten ein Kreuz einritzen und in Aluminiumfolie dicht einwickeln. Im Backofen weichbacken lassen.	
In einer Pfanne	3 Eßl. Senföl
stark erhitzen,	3 Knoblauchzehen
fein geschnitten zufügen.	1 getrockneten Chili
in Stücke brechen und mit dem Knoblauch braun rösten.	1 große Zwiebel pro Person
feinschneiden und solange mitdünsten, bis die Zwiebeln glasig werden und das Öl wieder abgeben.	
Nun die vorhandenen	Zucchinischalen (je nach Größe von einer Zucchini für 1–2 Personen)
in schmale Streifen schneiden und weichdünsten lassen.	4 Eßl. Bockshornkleeblätter
in einer Tasse mit soviel	Wasser
einweichen, daß sie bedeckt sind. Zu den bereits weich werdenden Zucchinischalen mit	1 Teel. Salz
hinzugeben. Sobald das Gemüse gar ist, die bereits fertigen Backkartoffeln geviertelt daruntermengen.	

RETTICH-SUPPE

für 1 Person

1 kleinen bis mittelgroßen Rettich schälen und in Würfel schneiden.
1 kleine Zwiebel würfeln und in ½ Eßl. Butterschmalz glasig dünsten.

¼ Teel. Tumerikpulver
½ Teel. Korianderpulver
in ½ Tasse Wasser einweichen und zu den Zwiebeln geben. Kurz durchdünsten lassen. Die Rettichwürfel und ½ Teel. Salz zufügen. Gut umrühren und mit 1 Tasse heißem Wasser aufgießen.
Nach Belieben 1 Eßl. frische Korianderblätter bzw. frische Gartenkräuter kleingehackt zufügen.

Auf die gleiche Art können auch weiße Rüben zubereitet werden. Mit Rotis servieren.

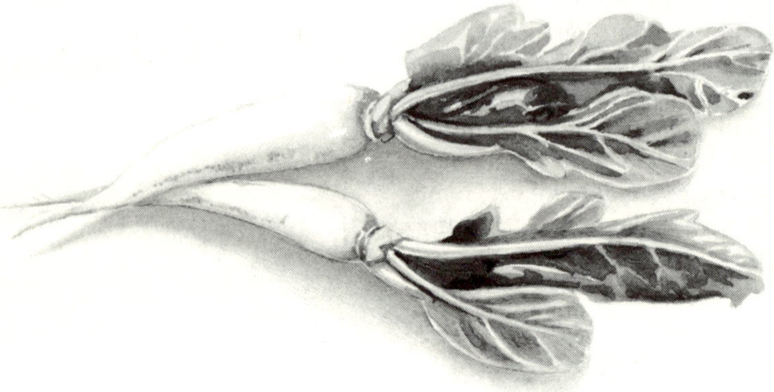

Rettich

DALS – HÜLSENFRUCHT-GERICHTE

Dal ist der Name für Gerichte, die aus getrockneten Erbsen, Bohnen oder Linsen hergestellt werden, entweder aus gespaltenen Bohnen mit beziehungsweise ohne Schale. Die bekanntesten Hülsenfrüchte sind:

Urad Bohnen
Moong Bohnen (grüne Sojabohnen)
Mooth Bohnen
Ahar Bohnen oder Toor Bohnen
gespaltene Erbsen
schwarze Kichererbsen (mit Schale)
Nierenbohnen
getrocknete Erbsen
Linsen

Vorsicht »Steinchen«!

Alle Dal-Sorten sollten prinzipiell vor dem Kochen sorgfältig ausgelesen und gewaschen werden. Am besten breitet man das Dal auf einem großen Tablett aus und sieht dann die einzelnen Bohnen durch; – häufig finden sich winzige Steinchen oder andere Fremdkörper zwischen den Bohnen. Sortieren Sie auch die nicht gut aussehenden Bohnen bzw. Linsen oder Erbsen aus; gute Hülsenfrüchte glänzen und haben eine gesund aussehende Farbe.

Und so wird's gemacht:

Ein und dieselbe Dal-Sorte kann auf viele verschiedene Arten zubereitet werden. Die Art der Zubereitung variiert in Indien von

Provinz zu Provinz, von Stadt zu Stadt, ja selbst von Haus zu Haus. Jeder Haushalt folgt dabei seiner eigenen Familientradition. Dennoch haben die unterschiedlichen Zubereitungsarten etwas gemeinsam und der Unterschied im Kochstil beruht hauptsächlich auf bestehenden klimatischen Veränderungen, wie auch auf der verschiedenartigen chemischen Natur der einzelnen Menschen.

Die in Indien üblichste und gleichzeitig einfachste Art, Hülsenfrüchte zuzubereiten, ist, das jeweilige Dal in Wasser mit Tumerik- und Korianderpulver und Salz weich zu kochen. Nachdem das Dal fertig gekocht ist, wird auf einem Löffel etwas Ghee erhitzt, in dem eine kleine Gewürzmischung angeröstet wird, die dann dem Dal dazugegeben wird. (Diese Gewürzmischung wird Tarka genannt. Ein Tarka kann sich – je nach Bohnensorte – aus verschiedenen Gewürzen zusammenstellen. Häufig werden Knoblauch, Cuminsamen und Asafötida (Hing) verwendet. Das Tarka verbessert den Geschmack und unterstützt die Verdauung.)

Auch das sogenannte »Dressing« (zerlassene Butter, in der Zwiebeln oder Knoblauch goldbraun geröstet werden, eventuell auch Cumin- oder Koriandersamen), mit dem jede Portion Dal beim Servieren versehen wird, ist ein wichtiger, doch kein zwingender Bestandteil des Dal-Gerichtes. Das »Dressing« gilt eher als Luxus, da es den Geschmack verbessert, aber nicht jedem bekommt. Körperlich schwer arbeitende Menschen und Kopfarbeiter brauchen Ghee, um gesund, vital und leistungsfähig zu bleiben. Wenn Ghee jedoch nicht mit physischen Tätigkeiten umgesetzt werden kann, wirkt es schwer verdaulich und auf die Dauer schädlich. Deshalb sollte das »Dressing« eingeschränkt und nur unter gegebenen Umständen verwendet werden.

DAL-GRUNDREZEPT

(für alle Arten von Bohnen, Erbsen, Linsen:)

1 Tasse Dal reicht für 4 bis 6 Personen!

1. 1 Tasse Dal gründlich auslesen und waschen.
2. 4 Tassen Wasser für 1 Tasse Dal in einem schweren Topf zum Kochen bringen.
3. ¼ Teel. Tumerikpulver, ½ Teel. Korianderpulver und 1 Teel. Salz zufügen und mit dem Wasser zum Aufkochen bringen. (Das Mischverhältnis von Tumerik und Koriander ist immer 1:2).
4. Das gereinigte Dal dazugeben und weichkochen lassen.
5. Auf kleinste Flamme schalten, sobald das Dal weich wird.
6. Das Feuer ausschalten, wenn die Bohnen im Wasser gut aufgequollen sind und nicht mehr vereinzelt im Wasser schwimmen. Wenn nötig, das Dal mit einem Löffel am Topfrand etwas zerdrücken, damit die Flüssigkeit etwas dicker wird und nicht wässrig bleibt.
7. Wenn das Dal vom Feuer genommen wurde und etwas abgekühlt ist, ein Tarka hinzufügen.
8. Das Dal in Suppenschälchen servieren und jede Portion mit einem kleinen Eßlöffel »Dressing« verzieren.
9. Zur besseren Verdauung mit frischgepreßtem Zitronensaft servieren.

MOONG DAL I

(aus gespaltenen Bohnen mit Schale) für 4–6 Personen

Moong Bohnen sind auch als grüne Sojabohnen bekannt. Sie sind ganz mit Schale erhältlich oder auch gespalten, sowohl mit als auch auch ohne Schale. Moong Bohnen mit Schale sind sehr gut für das System. Sie sind für Menschen aller Altersgruppen. In Nordindien zählen die Moong Bohnen zu einer der meist verbreitetsten Dal-Sorten. Sie werden vor allem von Menschen gegessen, die einen schwachen Magen haben. Gesunde Menschen lieben die Moong Bohnen wegen ihres Eiweißreichtums. Für schwache oder kranke Menschen sind sie ein ideales Nahrungsmittel.

	1 Tasse gespaltene Moong Bohnen mit Schale
sorgfältig auslesen und waschen.	
In einem Topf mit schwerem Boden	4 Tassen Wasser
mit dem gereinigten Dal zum Kochen bringen. Sobald es kocht und die Bohnen weich werden	
	1 Teel. Salz 1 Teel. Korianderpulver ½ Teel. Cuminsamen (gereinigt) ¼ Teel. Kümmel 1 Nelke pro Person 1 roten Kardamom pro 4 Personen (ohne Schale) 4–6 Lorbeerblätter ½ Teel. schwarze Pfefferkörner ½ Teel. Tumerikpulver
zufügen und 5 Minuten auf kleiner Flamme kochen lassen.	

Das Feuer abschalten und 5 Minuten abkühlen lassen. In einer Suppenkelle erhitzen. In das heiße Ghee geben und leicht anrösten. Vorsichtig, damit die Nelken nicht verbrennen. Die Nelken direkt in den Dal-Topf geben und den Topf sofort mit einem Deckel schließen. Beim Servieren jede Portion mit und darin angerösteten	1 Teel. Ghee 4 Nelken 1 Eßl. zerlassenem Ghee Cuminsamen (¼ Teel. pro Person)
verzieren.	

Menschen mit chronischen Magenbeschwerden können alle im Rezept aufgeführten Gewürze weglassen, mit Ausnahme von Koriander und Tumerikpulver sowie Cuminsamen (ohne Ghee) und Nelken-Tarka.

Moong ist gut für Menschen, die an spiritueller Arbeit interessiert sind und auch für jene, die sich eines intensiven Liebeslebens erfreuen. Es vermehrt die Manneskraft und gibt dem System körperliche Kraft. In Hindi lautet eine Redensart:

Ya Khaye Rogi
Ya Khaye Yogi
Ya Khaye Bhogi

(Kranke Menschen essen es, Yogis essen es, Bhogis – Menschen, die an sinnlichen Genüssen interessiert sind – essen es.)

MOONG DAL II

(aus gespaltenen Bohnen ohne Schale) für 4–6 Personen

	1 Tasse Moong (gespalten, ohne Schale)
gründlich auslesen und waschen.	4 Tassen Wasser
in einem Topf zum Kochen bringen und in der Zwischenzeit in einem zweiten Topf mit schwerem Boden	½ Tasse Ghee
erhitzen	
darin anrösten	1 Teel. Cuminsamen (gereinigt)
zufügen und	¼ Teel. Tumerikpulver ½ Teel. Korianderpulver 2 schwarze Pfefferkörner pro Person 6–8 Lorbeerblätter
zufügen und so lange anbraten, bis das von den Gewürzen absorbierte Ghee wieder nach außen tritt (ca. 3–5 Minuten). Die rohen, gewaschenen Moong Bohnen dazugeben. Gut umrühren. Das inzwischen kochende Wasser und	1 Teel. Salz
zufügen. Alles zusammen kochen lassen, bis die Bohnen weich sind. Etwa 7 Minuten vor Abschalten der Kochflamme die Backröhre vorheizen. Dem Dal nochmals	¼ Tasse Ghee
zufügen und in der vorgeheizten Backröhre etwas ziehen lassen. Mit Rotis und einem Gemüsegericht servieren.	

MOONG BOHNEN

(gespalten und geschält mit Cumin) für 4 Personen

Dieses Gericht ist ein ausgezeichnetes Frühstücksgericht. Es ist schnell und einfach zubereitet, ist leicht verdaulich, gibt Kraft und Energie und hat einen sehr interessanten und befriedigenden Geschmack.

für etwa 1 Stunde einweichen.	1 Tasse gespaltene und geschälte Moong Bohnen in Wasser
In einem Karahi oder chinesichen Wok erhitzen.	1 Eßl. Ghee
und	1 Teel. Cuminsamen
in Stückchen brechen und nacheinander im Ghee anrösten.	1 getrockneten roten Pfeffer
zufügen und die bereits eingeweichten Moong Bohnen ohne das Einweichwasser zu den Gewürzen geben.	1 Prise Hing
Mit solange auf mittlerer Flamme dünsten lassen, bis die Moong Bohnen weich sind. Dabei häufig umrühren.	1 Teel. Salz
Nach Bedarf eventuell zufügen. Normalerweise wird dies aber nicht notwendig sein, da die Bohnen durch das Einweichen bereits aufgequollen sind und (falls sie nicht schon sehr alt sind) schnell weich werden sollten.	etwas heißes Wasser
Beim Servieren darüberträufeln. Mit einer beliebigen Brotsorte reichen.	einige Tropfen Zitronensaft

MOONG DAL

(aus gespaltenen Bohnen ohne Schale, mit Safran)

	1 Tasse Moong (gespalten ohne Schale)
gründlich auslesen und waschen.	4 Tassen Wasser
in einem gußeisernen Topf erhitzen und	¼ Teel. Tumerikpulver ½ Teel. Korianderpulver
zufügen. Sobald die Mischung aufkocht, die gereinigten Moong Bohnen dazugeben und mit	1 Teel. Salz
weichkochen lassen. Wenn die Bohnen weich werden	2 schwarze Pfefferkörner pro Person 1 Nelke pro Person 1 roten Kardamom pro 4 Personen 4-6 Lorbeerblätter 1 Prise Safran (etwa 7 Fäden)
zufügen und etwa 5 Minuten auf niedrigster Flamme ziehen lassen. Anschließend die Flamme ausschalten und ein Tarka kurz vor dem Servieren zufügen. Für das Tarka in einer Suppenkelle	1 Eßl. Ghee
erhitzen und in diesem	1 Teel. Cuminsamen (gereinigt)
anrösten, sofort in den Dal-Topf geben und verschließen.	

GEMISCHTES DAL

Gemischtes Dal wird in Hindi Kyunti genannt. Kyunti setzt sich aus verschiedenen Dal-Sorten zusammen, die in folgendem Verhältnis bunt zusammengemischt werden:

1 Teil Toor Dal (Ahar Dal)
1 Teil Chana Dal (gespalten ohne Schale)
1 Teil Rote Linsen
1 Teil Moong Dal gespalten mit Schale
2 Teile Urid Dal gespalten mit Schale
1 Teil Moong Dal gespalten ohne Schale
1 Teil Urid Dal gespalten ohne Schale

GEMISCHTES DAL - KYUNTI

für 4–6 Personen

	1 Tasse der bunten Dalmischung (Kyunti)
abmessen und sorgfältig auslesen, waschen und etwa ½ Stunde einweichen.	
In einem Topf mit schwerem Boden	4 × soviel Wasser als Dal
erhitzen und	1 Teel. Tumerikpulver
mit	2 Teel. Korianderpulver
zufügen und zum Kochen bringen. Das bereits vorbereitete Dal ohne Einweichwasser und	1 Teel. Salz
dazugeben und in geschlossenem Topf solange kochen lassen, bis alle Bohnen weich sind.	
Die Flamme ausschalten und	1 Teel. Mangopulver
zufügen. Anstelle des Mangopulvers kann ersatzweise	1 Teel. Granatapfelsamen (Anar Danar)
(im Mörser pulverisiert) zugegeben werden.	
Vor dem Servieren das übliche Tarka zufügen, wobei mehr	Knoblauch
als gewöhnlich verwendet werden sollte.	
Dem Dal können beliebig	Zucchinis, Tomaten, Bockshornkleeblätter
oder	Spinat
zugefügt werden, jedoch sollte stets ein saures Gewürz (Mangopulver, Granatapfelsamen) verwendet werden.	

DAL

(mit roten Linsen und Zucchini) für 4–6 Personen

	1 Tasse rote Linsen
gut auslesen und waschen.	2 Zucchini
schälen (Schalen aufheben und für Zucchinischalengemüse verwenden) und in kleine Stükke schneiden.	
	3 Tassen Wasser (rote Linsen brauchen weniger Wasser)
mit	1 Teel. Tumerikpulver
und	2 Teel. Korianderpulver
zum Kochen bringen. Ins kochende Wasser die Linsen	
und	1 Teel. Salz
geben. Nach etwa 10 Minuten auch die Zucchinistücke zufügen. Alles zusammen auf kleiner Flamme weichkochen lassen. Vor dem Servieren folgendes Tarka dazugeben:	
In einem großen Schöpflöffel erhitzen.	1 guten Teel. Ghee
	2 Knoblauchzehen (in dünne Scheibchen geschnitten)
	⅛ Teel. Cuminsamen
	1 kleinen roten Pfeffer
	1 Prise Asafötida
nacheinander in das Ghee geben und anrösten lassen. Anschließend direkt in den Linsentopf geben und den Topf sofort schließen.	

Das traditionelle »Dressing« besteht aus Knoblauch. Dafür erhitzen und in Scheiben geschnitten darin anrösten.

1 Eßl. Ghee pro Person
½ Knoblauchzehe pro Person

Um diesem Dal einen speziellen würzigen Geschmack zu geben, kann 1 Teel. Dal Masala (Rezepte siehe »Masalas«) zugefügt werden.
Um dem Gericht etwas Säure zu verleihen, kann Zitronensaft über das Dal gesprenkelt werden. In Nordindien fügt man während des Kochens 1 bis 2 getrocknete Mangostücke hinzu. Dies verbessert den Geschmack der Linsen und macht sie verdaulicher.

CHOLEYS

(mit Joghurt) für 4–6 Personen

Sie werden in Indien auch Chana Bohnen oder einfach Choleys genannt. Sie besitzen einen hohen Eiweißwert und viele andere wertvolle Qualitäten.

1 Tasse ganze schwarze Kichererbsen

auslesen, waschen und für mindestens 24–36 Stunden in Wasser einweichen. Nach etwa 2 Tagen die Erbsen in einen Topf mit soviel

Wasser

geben, daß sie gut bedeckt sind.

1 Teel. Salz

zufügen und solange kochen lassen (in geschlossenem Topf) bis sie weich sind.

(Um den Kochprozeß zu be-	1 Teel. Backsoda
schleunigen, kann	
zugefügt werden).	
Inzwischen mischen wir in	½ Tasse Wasser
ein Grundmasala aus	1 Teel. Tumerikpulver
	2 Teel. Korianderpulver
	1 Teel. Cuminpulver
und geben	2 Knoblauchzehen
und	1 große Zwiebel
(fein zerstampft im Mörser)	
hinzu.	
Danach	2 große Zwiebeln
und	1 Knoblauchzehe
in Würfel schneiden. In einem	
Topf mit schwerem Boden	2 Eßl. Ghee
erhitzen, Knoblauch und Zwie-	
belwürfel darin anbräunen, bis	
Ghee sich separiert.	1 Tomate
dazugeben und zerkochen las-	
sen, das bereits eingeweichte	
Grundmasala zufügen und eini-	
ge Minuten unter ständigem	
Rühren anbraten, bis Ghee	
wieder nach außen tritt,	1 Tasse Joghurt
dazugeben und ebenfalls ko-	
chen lassen, bis Ghee wieder an	
der Oberfläche erscheint, nun	
die bereits weich gekochten	
Choleys zufügen und ca. weite-	
re 15 Minuten auf mittlerer	
Flamme zusammen kochen	
lassen.	
Mit Puris, Rotis und – nach	
Belieben – mit einem Salat	
servieren.	

CHOLEYS

(mit Cuminsamen) für 4–6 Personen

	1 Tasse Choleys
säubern und 24–36 Stunden einweichen. Nach etwa 2 Tagen gut bedeckt in	Wasser
weichkochen, dem	1 Teel. Salz
und – wenn nötig –	1 Teel. Backsoda
zugefügt wird.	
In einem Topf mit schwerem Boden	1 Eßl. Ghee
erhitzen,	1 Teel. Cuminsamen (gereinigt)
darin anrösten,	
gewürfelt dazugeben und leicht braun rösten.	2 große Zwiebeln
zufügen und zerkochen lassen, dann die bereits weichgekochten Choleys (ohne Kochwasser) in den Topf geben und etwa 5 Minuten anrösten. Etwas Wasser zufügen (von dem Wasser in dem die Choleys weich gekocht wurden) und	1 Tomate
	¾ Teel. Salz
sowie ein Garam Masala aus	1 Nelke pro Person 2 schwarze Pfefferkörner pro Person 1 roter Kardamom pro 4 Personen 1 Zimtstange 3 Lorbeerblätter
ganz dazugeben. Nach 10 Minuten die Flamme abschalten und	10 gr. frische Ingwerwurzel
im Mörser fein zerstampft zufügen. Mit einer beliebigen Brot sorte servieren.	

CHOLEYS

(mit Oreganosamen)

auslesen, waschen und 24–36 Stunden einweichen.	1 Tasse Choleys (ganze schwarze Kichererbsen mit Schale)
In einem Topf mit schwerem Boden (vorzugsweise Gußeisen) erhitzen	1 Eßl. Ghee oder Senföl
zerkleinert und darin anrösten.	1 Teel. Oreganosamen (gereinigt) 1 getrockneten roten Pfeffer 1 Prise Asafötida (Hing)
Die bereits eingeweichten Choleys (ohne Einweichwasser zufügen) und etwas anrösten.	
dazugeben, so daß die Bohnen gut bedeckt sind.	Wasser
und nach Belieben (um den Kochprozeß zu beschleunigen) dazugeben.	1 Teel. Salz 1 Teel. Backsoda
Den Topf gut schließen und die Choleys so lange kochen lassen, bis sie weich sind. Mit Puris und Ingwerpickles servieren.	

LINSEN-BÄLLCHEN

(Linsen-Kabab) für 6 Personen

	1 Tasse Linsen
gründlich auslesen, waschen und über Nacht einweichen. Wasser abgießen, im Mixer oder Mörser zu einer glatten Paste verarbeiten und anschließend mit dem Schneebesen schaumig schlagen. In eine Pfanne etwas	Ghee
geben. Auf kleinster Flamme erhitzen und die Paste zufügen, ständig umrühren und solange in der Pfanne backen, bis die Paste dick wird, ihre Farbe sich verändert und es wie gekocht riecht. Nun nimmt man die Paste vom Feuer und mischt, noch während sie heiß ist,	1 Teel. Garam Masala (siehe Rezept »Masalas«)
und	1 Teel. Salz
darunter. Mit einem Teelöffel kleine Portionen von der Paste abstechen, zwischen den Fingern pressen und zu kleinen Bällchen formen. Diese in einem Wok mit	Ghee
schwimmend herausbacken. Sobald die Bällchen goldbraun sind, aus dem Ghee nehmen und abtropfen lassen. Inzwischen in	½ Tasse Wasser 1 Teel. Tumerikpulver

und	2 Teel. Korianderpulver
einweichen.	1 große Rote Bete
feinraspeln und zur Seite stellen.	
und	6 Zwiebeln
	4 Knoblauchzehen
kleinschneiden. In einem schweren Topf	4 Eßl. Ghee
erhitzen.	1 Teel. Bockshornkleesamen
darin anrösten. Dann Knoblauch und Zwiebeln dazugeben und solange dünsten, bis sie glasig sind und das Ghee sich wieder von ihnen trennt, das bereits eingeweichte Masala zufügen und solange durchkochen lassen, bis Ghee abermals nach außen tritt.	1 geviertelte Tomate
in den Topf geben, dünsten, bis sich die Tomate in der Zwiebel-Gewürzmischung aufgelöst hat. Die bereits	geriebene Rote Bete
dazugeben und weichdünsten. Nun die fertigen Linsenbällchen mit	1 Teel. Salz 4–6 Lorbeerblättern 2 ganzen schwarzen Pfefferkörnern pro Person 1 Nelke pro Person 1 roten Kardamom (ohne Schale) pro 4 Personen
in den Topf geben und etwa 20 Minuten kochen lassen.	1 Prise Zimtpulver 1 Teel. Ingwerpulver
daruntermengen.	

REISTOPF MIT LINSENBÄLLCHEN

(Linsen-Kabab-Pulao) für 4 Personen

½ Tasse Linsen	auslesen, waschen und über Nacht einweichen.
1 Tasse Reis	auslesen, waschen und mindestens 2 Stunden einweichen. Die eingeweichten Linsen, genau wie im Rezept für Linsenbällchen beschrieben, zu einer Paste verarbeiten, würzen und zu Bällchen formen, die goldbraun ausgebacken werden. Danach in
½ Tasse Wasser 1 Teel. Tumerikpulver 2 Teel. Korianderpulver 1 Teel. Cuminpulver	einweichen.
4 große Zwiebeln	in Würfel schneiden. In einem schweren Topf
4 Eßl. Ghee	erhitzen. Die Zwiebeln darin glasig dünsten, bis das Ghee wieder nach außen tritt. Dann die eingeweichten Gewürze zufügen und etwa 3 Minuten durchkochen lassen.
2 Tomaten	dazugeben und zerkochen lassen. Die Linsenbällchen in den Topf geben und etwa 5 Minuten lang von allen Seiten anrösten. Anschließend den Reis (ohne Einweichwasser) zufügen und einige Minuten lang gut, aber vorsichtig umrühren. Mit
2 Tassen Wasser	aufgießen und bei geschlosse-

nem Deckel zum Kochen bringen. Sobald das Gericht anfängt zu kochen, auf kleinste Flamme stellen und die folgenden Zutaten zufügen:

250 g gefrorene Erbsen
1 Teel. Salz
2 schwarze Pfefferkörner pro Person
1 Nelke pro Person
1 roten Kardamom pro 4 Personen
¼ Teel. Zimtpulver
oder
2 Zimtstangen
6 Lorbeerblätter.

und

Das Gericht noch bei geschlossenem Deckel weitersimmern lassen, bis das Wasser vom Reis aufgenommen wurde. Den Topf ins vorgeheizte Backrohr stellen und bei niedrigster Hitze 5 Minuten trocknen lassen. Den Reistopf noch 15 Minuten durchziehen lassen.
Mit Papadams servieren.

Tomaten

LINSENWÜRFEL

(mit Chicoree) – Katra für 4–6 Personen

1 Tasse rote Linsen

auslesen, waschen und über Nacht einweichen. Am nächsten Tag in einem Mixer oder Mörser zu einer glatten Paste verarbeiten. Diese Paste in eine Pfanne geben und auf kleiner Flamme unter ständigem Rühren trocken werden lassen. Das Feuer ausschalten und ein fein zermörsertes Garam Masala aus

2 schwarzen Pfefferkörnern pro Person
1 Nelke pro Person
1 roten Kardamom (ohne Schale) pro 4 Personen

und

1 Teel. Salz
½ Teel. Ingwerpulver
¼ Teel. Zimtpulver

unter die Paste mischen. Nun die gewürzte Linsenpaste ca. 1 cm dick auf ein Brett oder eine Platte streichen und auskühlen lassen; anschließend in Vierecke schneiden.

In einer Pfanne

3–4 Eßl. Ghee

erhitzen und die Linsenwürfel darin (wie Panir) von allen Seiten knusprig ausbacken, dabei vorsichtig wenden, damit sie nicht brechen. Die fertigen Vierecke herausnehmen, auf einem Teller abtropfen lassen und zur Seite stellen.

In	½ Tasse Wasser 1 Teel. Tumerikpulver 2 Teel. Korianderpulver
einweichen.	2 große Zwiebeln
in Würfel schneiden. In einem schweren Topf	2 Eßl. Ghee
erhitzen.	1 Teel. Bockshornkleesamen
darin anrösten. Die Zwiebeln zufügen und solange glasig dünsten, bis das Ghee wieder austritt. Die eingeweichte Gewürzmischung hineingeben und etwa 3 Minuten durchkochen lassen.	1 Tomate
zufügen und zerkochen lassen.	2 Chicoree-Stangen
gewaschen und in dünne Streifen geschnitten, in den Topf geben,	1 Teel. Salz
zufügen, und falls notwendig,	etwas Wasser.
Das Gemüse weich dünsten lassen und warten, bis das Ghee wieder an der Oberfläche erscheint, dann die fertigen Linsen-Würfel und	4 Lorbeerblätter
hinzugeben und vorsichtig mit dem Gemüse vermengen. Weitere 5 Minuten auf kleiner Flamme dünsten lassen.	1 Eßl. Garam Masala
abschließend darübergeben. Vor dem Servieren noch einige Minuten ziehen lassen. Mit einer beliebigen Brotsorte reichen.	

PAKORA

(fritiertes Gemüse in Kichererbsenteig)

2 Tassen Kichererbsenmehl

in eine Schüssel sieben und folgende Gewürze zufügen:

1 Teel. Tumerikpulver
1 Teel. Korianderpulver
1 Teel. Cuminpulver
1 Teel. Oreganosamen (Ajwain)
1 Teel. Salz
1 Teel. Ingwerpulver
1 Teel. Bockshornkleepulver oder
1 Eßl. Bockshornkleeblätter

Mit etwa

1 Tasse Wasser (eventuell etwas mehr)

zu einer glatten Paste verrühren und mit einem Schneebesen kräftig schaumig schlagen.
In diesen pikanten Teig werden nun beliebige Gemüsesorten, wie beispielsweise

Spinatblätter, Zwiebelringe, Kartoffel-, Auberginen-, Champignonscheibchen, Paprikastücke oder auch Panirstücke

eingetaucht und anschließend portionsweise in einem Wok mit heißem

Ghee, Senföl oder einem anderen Pflanzenöl

schwimmend herausgebacken, bis sie knusprig und von allen Seiten goldbraun sind.

Die Portionen sollten etwa eßlöffelgroß sein.

KÄSE- UND JOGHURTGERICHTE

PANIR – *Käse aus frischer Kuhmilch*

Käse läßt sich sehr schnell und einfach zu Hause selbst herstellen. Kommerzieller Käse sollte grundsätzlich deshalb gemieden werden, weil er alt (tamasisch) ist, unangenehm riecht und vielfach chemische Konservierungsstoffe enthält.
Für die Käsezubereitung benötigt man ½ Liter frische Vollmilch pro Person.

PANIR-GRUNDREZEPT

(für 4 Personen)

In einem Topf mit schwerem Boden bei starker Hitze zum Aufkochen bringen (dabei häufig umrühren, damit die Milch nicht anbrennt). Sobald Schaum aufsteigt, die Flamme auf ein Minimum refuzieren und den	2 l frische Vollmilch
	Saft 1 Zitrone (oder ersatzweise einige Teel. Essig)
in die Milch geben.	

Die Flamme wieder etwas höher stellen und ständig vorsichtig umrühren. Die Milch wird gerinnen. Geschieht dies nicht, noch etwas mehr Zitronensaft oder Essig zufügen und die Milch nochmals aufkochen lassen, bis sich Quarkflocken bilden und die Molke, die sich vom Quark trennt, durchsichtig hellgelb erscheint und keine milchige Färbung mehr aufweist. Daran erkennt man, daß sich die gesamte Milch von ihrer eigenen Flüssigkeit getrennt hat. Die Molke enthält nun 25 % der chemischen Milchbestandteile – die restlichen 75 % wurden Käse. Die Molke kann dem Brotteig oder Gemüsen oder Suppen zugefügt werden – allerdings sollte die Molke niemals über mehrere Stunden aufgehoben – sondern immer nur frisch verwendet werden. Was nicht sofort verwendet werden kann, sollte weggeschüttet werden.

Der gesamte Topfinhalt wird in ein großes Sieb geschüttet, das über einer Schüssel oder der Küchenspüle hängt und mit einem sauberen, dichten Mulltuch ausgelegt ist. Der Käse bleibt im Tuch, die Molke kann ablaufen. Die Ecken des Tuches zusammenbinden und zum Abtropfen über ein Gefäß hängen. Etwa 10 Minuten abtropfen lassen. Ist der Käse so weit abgekühlt, daß man das Mulltuch in die Hand nehmen kann, faßt man es zusammen und wringt es kräftig aus. (Der Käse muß trocken sein, sonst fällt er beim Ausbacken im schwimmenden Ghee auseinander).

Damit die Molke vollständig herausgepreßt wird, legt man das Mulltuch mit dem Käse am besten auf ein Hackbrett und stellt einen schweren Gegenstand darauf (einen großen Ziegelstein, ein zweites schweres Hackbrett, einen schweren Topf oder dergleichen). Einige Zeit stehen lassen, bis der Käse so fest und kompakt ist, daß er mit dem Messer geschnitten werden kann. Den Käse aus dem Tuch wickeln und in 1 cm große Würfel schneiden.

In einer schweren Pfanne soviel Ghee erhitzen, daß die Käsewürfel darin schwimmend ausgebacken werden können. Das Ghee hat die nötige Hitze, sobald ein hineingespritzter Wassertropfen sofort zischt. Die Käsewürfel portionsweise hineingeben und mit dem Schaumlöffel ständig vorsichtig wenden, bis sie von allen Seiten goldbraun gebacken sind. Herausnehmen, abtropfen lassen und zur Seite stellen.

PANIR

(mit Roten Beten) für 4–6 Personen

Aus	2 l frischer Vollmilch
Panir herstellen, wie im Grundrezept beschrieben. Das Panir nur trocken abhängen lassen.	
in Würfel schneiden.	4 mittelgroße Zwiebeln
in einem schweren Topf erhitzen. Die Hälfte der geschnittenen Zwiebeln darin glasig dünsten.	3 Eßl. Ghee
fein geraspelt zufügen und weich dünsten lassen. Sobald das Ghee aus dem Gemüse austritt, das abgehangene Panir zerkrümelt hineingeben. Gut umrühren und 10 Minuten durchdünsten lassen.	1 große Rote Bete
und	1 Teel. Salz
zufügen. Nach Belieben noch	1 Teel. Cuminpulver
dazugeben. Mit den restlichen rohen Zwiebeln bedecken und 15 Minuten auf kleinster Flamme fertig garen lassen.	150 g gefrorene Erbsen
Das Feuer abschalten und	1 ½ Eßl. Garam Masala (siehe Rezept »Masalas«)
hinzufügen. Einige Minuten durchziehen lassen. Mit einer beliebigen Brotsorte servieren.	

PANIR II

(mit grünen Bohnen)

Aus Panir (Käse) zubereiten, wie in unserem Grundrezept auf S. 117 angegeben, und in einem Käsetuch abhängen lassen.	¼ l Vollmilch per Person
säubern und in feine Streifen schneiden.	500 g frische Stangenbohnen
In einem Wok erhitzen,	3 Eßl. Ghee
fein geschnitten,	3 große Knoblauchzehen, 1 Teel. Bockshornkleesamen (gereinigt)
und nach Belieben im Ghee anrösten.	1 roter Pfeffer (zerkleinert)
in Würfel schneiden und zufügen, solange anbraten, bis sie die Farbe wechseln und das Ghee wieder abgeben. Inzwischen	4 große Zwiebeln
in einweichen. Sobald die Zwiebeln fertig sind, diese Gewürzmischung zufügen und einige Minuten kochen lassen, bis das Ghee wieder an der Oberfläche erscheint. Nun die Stangenbohnen dazugeben, gut umrühren und circa 15 Minuten kochen lassen.	1 Teel. Tumerikpulver 2 Teel. Korianderpulver 1 Teel. Cuminpulver ½ Tasse Wasser
und das bereits abgehangene Panir in kleinen Portionen dazugeben und	1 ½ Teel. Salz 4 Lorbeerblätter

gut umrühren, den Wok schließen. Schmoren lassen, bis die Bohnen weich sind. Mehrmals umrühren, damit Panir nicht anbrennt. Während der letzten 3 Minuten des Kochprozesses

15 g frische Ingwerwurzel

(auf einer Küchenzeile fein zerrieben) zufügen. Die Flamme abschalten und

1 Teel. Garam Masala (siehe Rezept »Masalas«)

arübergeben.
Mit Rotis oder Puris servieren.

PANIR III
(mit grünen Bohnen)

Genauso zubereiten wie in Rezept Nr. I) beschrieben, jedoch ohne die eingeweichte Gewürzmischung und die Garam Masala-Mischung zuzufügen.

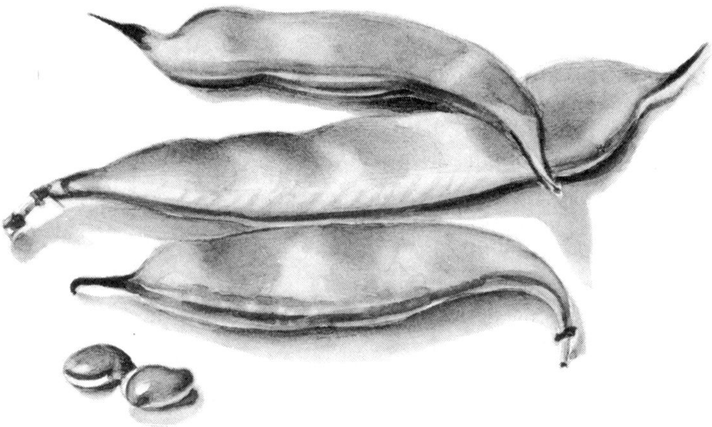

Grüne Bohnen

JOGHURT BÄLLCHEN

(Dahi Baila)

2 Tassen halbierte Urad Bohnen ohne Schale

auslesen, waschen und für mindestens 1 Tag einweichen lassen. Am nächsten Tag das Wasser abgießen und die Bohnen in einem frischen Küchentuch trocknen und im Mörser oder – falls vorhanden – im Mixer zu iner feinen Paste verarbeiten. (Die Paste sollte möglichst trokken sein.)

1 Teel. Salz
und
1 ½ Teel. Dal Masala (siehe Rezept »Masalas«)

gut mit der Paste vermischen und kleine Bällchen formen. In einem chinesischen Wok soviel

Ghee

erhitzen, daß mehrere Bällchen gleichzeitig darin schwimmend ausgebacken werden können. Die Bällchen werden bei mittlerer Hitze unter ständigem Rühren ausgebacken, damit sie von allen Seiten gleichmäßig goldbraun werden. Sobald sie aus dem Ghee genommen werden, kommen sie in eine Schüssel mit

heißem Wasser

so daß sie aufquellen und das Fett abgeben. Nach einer halben Stunde bis Stunde das Wasser aus den Bällchen pressen, indem man sie einzeln und sanft in den Händen drückt und anschließend in den bereits vorbereiteten Joghurt (Dahi) gibt. Vor dem Servieren eine halbe Stunde im Joghurt ziehen lassen.

Der Joghurt für die Bällchen sollte mit einem Tarka, Salz und Pfeffer zubereitet werden, wie dies für alle Arten von »Raitas« (siehe Rezept Raitas) üblich ist. Zum Schluß frische Korianderblätter oder Pfefferminze darübergeben.

Anmerkung:
Haben Sie mehr Bällchen als Gäste zum Essen, dann können sie gut einen Teil der Bällchen aufbewahren. Diese Bällchen sollten jedoch nicht wie die anderen ins heiße Wasser gelegt werden, sondern trocken in einem Glas aufgehoben werden. Erst eine halbe Stunde vor Verwendung in heißes Wasser legen und danach vorsichtig ausdrücken.

II.) **Eine zweite Möglichkeit Bällchen zu machen, ist:**

Die ferige Urad-Bohnen-Paste in ein feuchtes Küchentuch geben und (ähnlich wie beim Panir-Käse) zu einem flachen Kreis pressen. Nun mit Hilfe eines kleinen Glases, einer Tasse oder eines Armreifs kleine runde Stücke ausstechen.

In heißem Ghee schwimmend herausbacken, dabei ständig wenden, damit sie von beiden Seiten gleichmäßig goldbraun backen.

Die restliche Paste kann immer wieder zu einem Ball gerollt und abermals im Tuch flach gepreßt und wie bereits beschrieben ausgestochen werden.

Nach dem Ausbacken im schwimmenden Ghee, genau wie im Rezept I.) der Joghurt Bällchen, eine halbe bis eine Stunde in heißem Wasser weichen lassen, damit sie Fett abgeben. Anschließend vorsichtig zwischen den Händen auspressen und in den angemachten Joghurt legen. Eine halbe Stunde lang vor dem Servieren in Joghurt ziehen lassen.

PANIR IV

(mit Nüssen) für 4–6 Personen

Aus	2 l frischer Vollmilch
Panir herstellen, wie im Grundrezept beschrieben. Für dieses Rezept muß der Käse lediglich trocken abhängen.	
	50 g Nüsse (Cashewnüsse, Mandeln und Pinienkerne)
in Wasser einweichen.	
Eine Gewürzmischung aus	1 Teel. Tumerikpulver 2 Teel. Korianderpulver 1 Teel. Cuminpulver
mit	¼ bis ½ Tasse Wasser
vermischen und stehen lassen.	
	4 Knoblauchzehen 4 mittelgroße Zwiebeln 10 g frischen Ingwer
kleinschneiden.	
In einem Topf	3 Eßl. Ghee
erhitzen,	Zwiebeln
glasig dünsten,	Knoblauch und Ingwer
nacheinander zufügen, alles zusammen solange dünsten, bis das Ghee wieder außen erscheint. Die bereits in Wasser eingeweichte	Gewürzmischung
zufügen und wieder solange kochen, bis das Ghee abermals an die Oberfläche tritt. Nun das fertige	Panir
zerkrümelt dazugeben und	120 g Erbsen (falls tiefgefroren, vorher in etwas lauwarmen Wasser auftauen)
daruntermischen. Die Mandeln schälen und zusammen mit den	

anderen Nüssen im Mörser fein zerreiben, mit

1 Teel. Salz

drübergeben. 5 Minuten auf kleiner Flamme weitergaren lassen.
Das Feuer ausschalten und eine trockene Gewürzmischung aus

2 schwarzen Pfefferkörnern pro Person
1 Nelke pro Person
1 roten Kardamom (ohne Schale) für 4 Personen
1 Prise Zimtpulver

und im Mörser fein zermahlen und unter das Panir-Gericht mischen.
Mit einer beliebigen Brotsorte servieren.

Zwiebeln

MATAR PANIR

(Erbsen Panir) für 4–6 Personen

Aus	2 l frischer Vollmilch
Panir bereiten wie im Grundrezept beschrieben. Das Panir pressen, in Würfel schneiden und im schwimmenden Ghee goldbraun ausbacken.	
	4 Zwiebeln
schneiden und in einem schweren Topf	3 Eßl. Ghee
erhitzen. Die Zwiebeln darin glasig dünsten. Inzwischen	1 Teel. Tumerikpulver 2 Teel. Korianderpulver 1 Teel. Cuminpulver
in	½ Tasse Wasser
einweichen. Sobald das Ghee wieder aus den Zwiebeln tritt, die eingeweichten Gewürze zufügen und solang durchkochen lassen, bis das Ghee wieder an der Oberfläche erscheint (etwa nach 3 Minuten).	
	250 g frische grüne Erbsen (ersatzweise tiefgefrorene)
in den Topf geben. Gut umrühren und weichkochen lassen. Die frischen Erbsen haben eine längere Kochzeit und müssen mit	¼ bis ½ l warmem Wasser oder Molke
bedeckt kochen. Sobald die Erbsen weich werden, die goldbraun fritierten Panirwürfel	

zufügen. Pro Person	¼ l Wasser
dazugeben. Langsam weiter simmern lassen.	1 ½ Teel. Salz
und ein Garam Masala im ganzen, bestehend aus	1 Nelke pro Person 2 schwarzen Pfefferkörnern pro Person 1 roten Kardamom pro 4 Personen 4 Lorbeerblättern 2 Zimtstangen 1 Teel. Fenchelsamen 1 Prise Muskat
in den Topf geben. Nach 10 Minuten die Flamme abschalten. 15 Minuten durchziehen lassen. Mit einer beliebigen Brotsorte servieren.	

Variationen:
- I. Dem Matar Panir zusätzlich Zucchini-Bällchen zufügen.
- II. Mit Champignons ergänzen.
- III. Mit Spinat und Kartoffeln zubereiten.

Erbsen

PANIR V

(mit Zwiebeln) für 4 Personen

Aus	2 l frischer Vollmilch
Panir (Käse) zubereiten, wie in unserem Grundrezept auf S. 117 angegeben, und in einem Käsetuch abhängen lassen. In einem gußeisernen Wok oder Topf erhitzen	2–3 Eßl. Ghee
	2 große Knoblauchzehen 1 Teel. Bockshornkleesamen (gereinigt)
und	1 roten Pfeffer (zerkleinert)
darin anrösten.	4–5 große Zwiebeln
gewürfelt dazugeben und goldbraun rösten. Sobald das Ghee wieder aus den Zwiebeln tritt, das abgehangene Panir portionsweise zufügen und	1 Teel. Salz.
Etwa 10 Minuten unter ständigem Rühren von allen Seiten gut anbraten.	
Etwas weniger als	10 g frische Ingwerwurzel
(auf einer Küchenreibe fein zerrieben) und	1 Teel. Cuminpulver
zufügen und weitere 3 Minuten kochen lassen. Die Flamme ausschalten und ein frisch gemahlenes Garam Masala aus	1 Nelke pro Person 2 schwarzen Pfefferkörnern pro Person 1 rotem Kardamom (ohne Schale) pro 4 Personen
zufügen. Gut umrühren und ziehen lassen. Mit Rotis oder Puris servieren.	

JOGHURT-GRUNDREZEPT

Um den ersten selbstgemachten Joghurt anzusetzen, ist es wichtig, mit einer qualitativ guten Joghurt-Kultur zu beginnen. Von jedem hausgemachten Joghurt kann man dann jeweils ¼ Tasse entnehmen und für die nächste eigene Joghurtherstellung aufbewahren.

In einem schweren Gefäß unter gelegentlichem Umrühren (um Anbrennen zu vermeiden) einmal kurz aufkochen lassen. Vom Feuer nehmen, abdecken und stehen lassen, bis die Milch etwa auf Körpertemperatur abgekühlt ist. Die abgekühlte Milch in einen Glas- oder Steingutbehälter gießen und	1 l frische Vollmilch
zufügen. Sorgfältig verrühren, abdecken und an einen warmen (nicht heißen!) dunklen, ruhigen Ort stellen. (Man kann die Warmhalteplatte des Herdes benutzen, oder die Backröhre auf kleinster Stufe anwärmen und die Türe halboffen lassen). Innerhalb von 8 Stunden wird der Joghurt ansetzen. Ist dies geschehen, vom warmen Platz entfernen und mindestens einen ganzen Tag im Kühlschrank aufbewahren, damit die Joghurt-Kultur ihre Tätigkeit einstellt. Der Joghurt sollte stets	4 Eßl. qualitativ guten (Reformhaus-) Joghurt

mindestens einen Tag gekühlt werden, damit er einen guten Geschmack und die richtige Beschaffenheit erhält.

Merke:
Als bestes Material für die Joghurtherstellung hat sich Glas erwiesen, auch rostfreier Stahl eignet sich. Auf gar keinen Fall darf Joghurt in Aluminiumbehältern aufbewahrt werden! Die natürliche Säure des Joghurts würde das Aluminium in hochgiftige Bestandteile zerlegen.
Aus diesem Grunde ist Aluminiumgeschirr generell zu meiden – denn alle säurehaltigen Nahrungsmittel greifen Aluminium an.

RAITAS

Raitas werden aus Joghurt bereitet. Sie gelten als ideale Gerichte für heiße Sommertage. Raitas wirken kühlend und generell stärkend auf das System. Wer die köstlichen Raitas selbst in der kalten Winterzeit servieren möchte, kann die kühlende Eigenschaft des Joghurts durch entsprechende »Hitze erzeugende« Gewürze, wie beispielsweise Muskat, Zimt, Ingwer, Nelkenpulver etc., ausgleichen.
Ein Grundrezept für die hauseigene Joghurtherstellung wurde bereits oben gegeben.

Tarka für Raita:
Jedes Raita wird, ähnlich wie die Dal-Gerichte, mit einem sogenannten Tarka gewürzt. Das Raita-Tarka besteht aus einer Grundkombination von 1 Teel. Ghee, das in einer kleinen Saucenkelle über der offenen Herdflamme erhitzt wird. In das heiße Ghee gibt man ½ Teel. Cuminsamen, 1 Teel. Sesamsamen und 1 Prise Asafötida (Hing). Sobald die Gewürze aufspringen, werden sie direkt in die Joghurtschüssel gegeben. Den Joghurt sofort mit einem Deckel oder Teller abdecken, damit das Aroma der Gewürzmischung erhalten bleibt.

RAITA I
(mit Gurken)

	1 Salatgurke
schälen und in eine Schüssel raspeln.	
darübergeben,	¼ l gekühlten selbstgemachten Joghurt 1 Prise Salz 1 Prise frischgemahlenen schwarzen Pfeffer
zufügen und die Schüssel mit einem Teller abdecken. Auf einem großen Eßlöffel	etwas Ghee
erhitzen.	
und	½ Teel. Cuminsamen 1 Teel. Sesamsamen
in das Ghee geben und anrösten, bis die Samen springen	1 Prise Hing (Asafötida)
zufügen. Feuer abschalten und die Gewürze in die Joghurtschüssel geben, dabei die Schüssel wieder sofort abdecken, (damit die heiße Gewürzmischung nicht aus der Schüssel spritzt, und das Aroma der Gewürze erhalten bleibt). Vor dem Servieren nochmals kühl stellen und gut verrühren. Nach Wunsch kann man diesem Raita noch	1–2 Tomaten
oder	einige Pakoras (Kichererbsenbällchen)
zufügen und mit frischen oder getrockneten	Pfefferminzblättern
verzieren.	

RAITA II

(mit Kartoffeln und Tomaten)

½ Pfund Kartoffeln

waschen und weichkochen lassen; sobald die Kartoffeln etwas abgekühlt sind, schälen und vierteln.

2 Tomaten

waschen und schneiden.

In eine Schüssel

½ l gekühlten (selbstgemachten) Joghurt

geben,

1 Prise Salz
etwas frischgemahlenen schwarzen Pfeffer

zufügen und die Schüssel mit einem Teller abdecken. Auf einem großen Eßlöffel über einer Flamme

etwas Ghee

erhitzen

½ Teel. Cuminsamen
1 Teel. Sesamsamen

hineingeben und anrösten, bis die Samen springen.

1 Prise Hing (Asafötida)

zufügen, dann die Flamme ausschalten und den Löffel mit dem Tarka direkt in die Joghurtschüssel geben, dabei die Schüssel sofort wieder abdecken (damit das Aroma nicht verfliegt und die heiße Samenmischung nicht aus dem kühlen Joghurt springt). Die vorbereiteten Kartoffeln und Tomaten in den Joghurt geben. Vor dem Servieren nochmals kühlen!

RAITA III
(mit Karotten und Roten Beten)

1 mittelgroße Rote Bete
1 große Karotte

schälen und fein raspeln.
In eine Schüssel

¼ l gekühlten, selbstgemachten Joghurt

füllen,

1 Prise Muskat
1 Prise Zimt
1 Prise Nelkenpulver
1 Prise Salz

und

etwas frischgemahlenen schwarzen Pfeffer

zufügen, gut verrühren und die Schüssel mit einem großen Teller abdecken. Tarka anrösten und zufügen, wie in den vorhergehenden Raita-Rezepten beschrieben. Den Joghurt mit allen Gewürzen und dem Tarka gut vermischen und über die geraspelten Karotten und Roten Bete geben.

Dieses Raita ist besonders für Wintertage geeignet, da die Roten Bete und die zusätzlichen Gewürze genügend Hitze erzeugen, um die kühlende Wirkung des Joghurts auszugleichen.

RAITA IV

(mit rohen Zwiebeln)

	½ l Joghurt
in eine Schüssel geben,	¼ Teel. Salz
und	etwas schwarzen Pfeffer
zufügen. Mit einem Schaumbesen cremig schlagen, bis eine Schaumschicht erscheint. Die Schüssel mit einem Teller abdecken und ein Tarka wie folgt vorbereiten:	
In einer kleinen Soßenkelle erhitzen	1 Teel. Ghee
	¾ Teel. Cuminsamen ½ Teel. Sesamsamen 1 getrockneten roten Pfeffer (zerbrochen)
und	1 Prise Asafötida (Hing)
nacheinander zufügen und anrösten, bis die Samen aufspringen. Das Tarka in die Joghurtschüssel geben und sofort wieder mit dem Teller abdecken, damit das Aroma der Gewürze nicht verfliegt.	1 große Zwiebel
in Würfel schneiden und in das Raita geben.	

KADHI

(eine Buttermilchsuppe, die auch aus Joghurt hergestellt werden kann) für 8 Personen

Dieses Gericht besteht hauptsächlich aus Buttermilch und Kichererbsenmehl oder Gram-Mehl. Es schmeckt sauer-würzig und ist von gold-gelber Farbe. Kadhi wirkt wohltuend auf Magen und Verdauungssystem und bringt einen verdorbenen Magen wieder in Ordnung. Es kann regelmäßig jeden Samstag oder alle 14 Tage einmal gegessen werden. Es eignet sich für alle Temperamente und alle Altersgruppen und kann in verschiedenen Variationen zubereitet werden.

Man nehme – 1 Tasse Kichererbsenmehl oder Gram-Mehl, ½ Tasse Wasser, 1 Teel. Tumerikpulver und 1 Teel. Salz. Aus diesen Zutaten wird ein Teig bereitet, der mit einem Schneebesen kremig geschlagen wird. Um die richtige Konsistenz des Teiges zu prüfen, gibt man einen Tropfen der Paste in etwas Wasser, schwimmt der Teig, ist er fertig.

Nun erhitzt man 4 Eßl. Ghee – der Teig bildet kleine Blasen im Fett – wie Pakoras. Danach werden in einem tiefen Topf 2 Eßl. Ghee erhitzt (das restliche Ghee, in dem der Teig gebacken wurde, kann verwendet werden). In das Ghee werden 1 Teel. Bockshornkleesamen, 2 getrocknete rote Pfeffer und 1 Prise Hing gegeben. Sind diese Gewürze leicht angeröstet, gießt man sie mit 1 Liter Buttermilch auf und läßt das ganze kochen. Jetzt nimmt man ½ Liter Buttermilch, vermengt ihn gut mit dem restlichen Kichererbsen-Teig und fügt ihn der kochenden Buttermilch hinzu. Das ganze wird nun unter ständigem Rühren zum Aufkochen gebracht. Dann gibt man in die Buttermilchsuppe die fertigen Teigbällchen hinein und läßt alles zusammen 45 Minuten fertig garen.

In der Zwischenzeit schmilzt man in einem kleinen Tiegelchen auf kleiner Flamme 1 Teel. Ghee pro Person und röstet darin ⅛ Teel. Koriandersamen pro Person. Diese Mischung wird zusammen mit dem Kadhi-Gericht serviert und als »Dressing« über jede Portion Kadhi gegeben.

Kadhi kann mit Reis, Chapatis, Parathas oder Puris gegessen werden.

Das Gericht läßt sich nach Belieben abwandeln. Man kann die verschiedensten Gemüsearten – gedämpft – hinzufügen oder aber Kichererbsen oder Sojamark (beides muß über Nacht eingeweicht und dann gekocht worden sein). Eine andere Möglichkeit ist, der Buttermilchsuppe gebratene Papadams zuzufügen. Bei diesen Variationen genügt es, den Teig aus ½ Tasse Kichererbsenmehl und ½ Teel. Tumerikpulver zu bereiten; die Buttermilchmenge bleibt gleich.

CHUTNEYS
SAUNTH (süß-saure Sauce)
PICKLES
SALATE

CHUTNEYS

Das Chutney ist eine saure Beilage, die dazu dient, die Nahrung mit der sauren und auch scharfen Geschmacksrichtung zu versorgen. Chutneys werden nie gekocht, sondern stets roh zubereitet. Alle Zutaten sollen frisch und appetitanregend sein. Ein Chutney liefert Mineralstoffe und Vitamine, vor allem Vitamin C, und hilft bei Verdauungsbeschwerden. Chutneys helfen bei der Assimilation der Nahrung und befriedigen die Geschmacksnerven.

CHUTNEY
(aus frischen Korianderblättern)

---

1 bis 2 Bund frische Korianderblätter

sorgfältig aussortieren und waschen, mit Stengelchen in einem Mörser zu einer feinen Paste zermahlen

1 sauren Apfel
2 Tomaten
2 rote Pfeffer (frisch oder getrocknet)
1 Teel. Mangopulver
1 Teel. Salz

und zufügen, solange mörsern, bis das Chutney pastig wird.

PFEFFERMINZ-CHUTNEY I

	2 Handvoll frische Pfefferminzblätter
in einem Mörser fein zerreiben, bis eine Paste entsteht, zwischendurch	1 Teel. Granatapfelsamen
dazugeben und feinmörsern.	
	1 Teel. Salz
und nach Belieben	1 getrockneten roten Pfeffer
zerkleinert zufügen und mitmörsern.	
Anstatt der Granatapfelsamen können ersatzweise	1 Teel. Mangopulver
oder der Saft von	1 Zitrone
oder	1 saurer Apfel
verwendet werden.	

PFEFFERMINZ-CHUTNEY II

(mit Kokosraspeln)

Folgen Sie dem gleichen Rezept wie oben, und fügen Sie zum Schluß	1 Tasse frische Kokosnußraspel
zu.	

ESSIG

Essig ist Essigsäure. Er unterstützt den Verdauungsprozeß, vermehrt das Magenfeuer und heilt den Humor des Windes. Wer unter Gasen in Magen und Gedärmen leidet, muß einmal täglich Essig verwenden. Jedoch sollte Essig an heißen Sommertagen gemieden werden.

Zitronen sind Zitrussäure. Auch sie helfen dem Verdauungsprozeß und vermehren das Magenfeuer, sie beseitigen Übersäuerung und liefern dem System Vitamin C. Zitronen dienen als Appetitanreger. Sie werden dazu verwendet, das System von Fett zu reinigen. Sofern sie regelmäßig verwendet werden, verhindern sie die Cholesterinansammlung im System. Zitronen und Essig sind beide ihrer Natur nach Säuren und verhindern das Problem der Cholesterinablagerungen. Wie sie das Fett spalten, läßt sich am besten bei der Herstellung von Käse aus frischer Kuhmilch beobachten (siehe Rezept »Panir«).

Wer Butter, Sahne, Ghee oder andere Fettarten, die Cholesterinablagerungen verursachen könnten, reichlich zu sich nimmt, sollte entweder Essig oder Zitronen bei den Mahlzeiten verwenden.

GRUNDREZEPT FÜR DIE HERSTELLUNG VON ESSIG

In einem Topf	1 l Wasser
zum Kochen bringen und	2 Tassen braunen Zucker
zufügen. Etwa 45 Minuten lang auf mittlerer Flamme kochen lassen. Dann die Flamme abschalten und abkühlen lassen. In ein luftdichtes Glas füllen. Nach etwa 15 Tagen wird der Essig fertig sein.	

ESSIG-PICKLE

(mit Gemüsen und Früchten)

In den bereits fertigen Essig

1 Prise Asafötida (Hing)

und

¼ Teel. Salz

geben. Nun beliebige Gemüsereste in kleine Stücke schneiden und im Essig »pickeln« lassen, z. B.:

Karotten, Rote Bete, Sellerie, weiße Rüben, Ingwer, ganze Knoblauchzehen, Paprika, Chillies usw.

Auch ganze Früchte können in Essig eingelegt werden, wie z. B.:

Weintrauben, Pflaumen, Apfelstücke, ganze Kirschen.

Etwa 9 bis 14 Tage dauert es, bis die Gemüse und Fruchtstücke vom Essig total durchzogen und weich sind.
Es ist jedoch strengstens darauf zu achten, daß der Essig-Pickle niemals mit einem Tropfen Wasser in Berührung kommt, sonst fängt er an zu verderben. Also alle Gemüse- und Obststücke sauber aber trocken hineingeben, dann hält sich der Essig-Pickle über Monate. In Zukunft beim Gemüseschälen alle Reststücke nicht mehr in den Abfall, sondern ins Essig-Glas wandern lassen!

INGWER-PICKLE

Die Schalen mit einem trockenen Messer dünn abschälen (separat aufbewahren, Schalen können gelegentlich beim Teekochen mit verwendet werden). Den geschälten Ingwer in hauchdünne Scheibchen schneiden und in ein dicht schließendes Glasgefäß geben.	1 frischen Ingwerwurzel
Den Saft von (Menge richtet sich nach Ingwermenge – die Ingwerscheiben sollten gut mit Saft bedeckt sein) darüberträufeln.	2–3 Zitronen
zufügen, umrühren und den Pickle vor dem Servieren durchziehen lassen.	1 Prise Salz 1 Prise frisch gemahlenen schwarzen Pfeffer

Die Qualität dieses Pickles wird verbessert, wenn man sich die Mühe macht, das Glasgefäß ans Sonnenlicht zu stellen und den Pickle täglich im Uhrzeigersinn umzurühren oder sorgfältig zu schütteln.

Sofern der Ingwer-Pickle, genau wie der Essig-Pickle, nicht mit Wasser in Berührung kommt, hält er sich bis zu einer Woche und länger.

Ingwer und Zitrone besitzen beide eine verjüngende Wirkung und große Heilkraft.

SAUNTH
(würzig-süße Soße)

Saunth ist eine wohlschmeckende süß-saure Soße, die besonders freundlich auf den Magen wirkt. Sie regt den Appetit an, fördert die Verdauung und reinigt Magen und Gedärme.

Saunth kann auf verschiedene Arten zubereitet werden:

SAUNTH I
(mit Tomaten)

	12 mittelgroße Tomaten
sorgfältig waschen und im ganzen mit der Schale in einem Topf mit	
zum Kochen bringen. Solange kochen lassen, bis aus den Tomaten ein Mus entstanden ist.	2 l Wasser
zufügen und weiterkochen lassen, nach einer Weile	100 g Tamarinde
dazugeben und solange weiterkochen lassen, bis etwa ein ¾ l Flüssigkeit übrigbleibt. Nun den Topf vom Feuer nehmen und den Inhalt durch ein Sieb in eine Schüssel passieren. Die durchpassierte, klare Soße wieder in den Topf füllen, aufs Feuer stellen und etwa	200 g Jaggery (Rohzucker)
	1 Tasse feingemahlene Cashewnüsse, Pistazien und Mandeln, 50 g Kokosnußraspeln ½ Tasse Rosinen (ungebleicht) und kleingeschnittene Datteln 50 g frische kleingehackte Ingwerwurzel

zufügen und 5 Minuten kochen lassen. Das Feuer abschalten und ein fein zermörsertes Garam Masala aus

1 roten Kardamom (ohne Schale)
10 schwarzen Pfefferkörnern
5 Nelken
1 Eßl. Cuminpulver
1 Eßl. Korianderpulver
1 Prise Zimtpulver

in der Pfanne trocken etwas anrösten, mit

1 Teel. schwarzem Salz und
1 Teel. weißem Salz

in die Soße geben. Sobald das Saunth kühl ist,

1 Eßl. Ingwerpulver

hinzufügen und in einem großen Eßlöffel (oder einer Soßenkelle) ein Tarka wie folgt bereiten: auf dem Löffel

etwas Ghee (ca. 1 Teel.)

erhitzen, darin

½ Teel. Cuminsamen

anrösten (bis die Samen aufspringen), sofort

1 Prise Asafötida (Asant)

zufügen und das Tarka direkt in den Saunth-Topf geben. Sofort den Deckel schließen! (Wichtig, damit das Aroma der Gewürze nicht verfliegt)
Falls das Asafötida von guter Qualität ist, genügt – wie oben angegeben 1 Prise – ansonsten nimmt man 2–3 g.

In einem dicht schließenden Gefäß ist diese Soße lange Zeit haltbar, allerdings darf sie nicht mit Wasser in Berührung kommen und sollte nach Möglichkeit kühl gelagert werden.
Man reicht diese Soße in kleinen Portionen (ca. 1 Teel.) zu den Mahlzeiten. Gleich einer wertvollen Arznei, sollte sie nicht zu viel und zu häufig verwendet werden, auch wenn sie sehr delikat schmeckt.

SAUNTH II
(mit Tamarinde)

2 l Wasser

in einem Topf mit
mindestens 300 g Tamarinde
und etwa 400 g Jaggery
zum Kochen bringen und solange kochen lassen, bis etwa ein ¾ l Flüssigkeit übrigbleiben. Die restlichen Zutaten und die Arbeitsweise bleibt die gleiche wie im vorhergehenden Rezept Saunth mit Tomaten!

SAUNTH III
(mit Aprikosen)

Folgen Sie dem Rezept Saunth (mit Tamarinde), doch anstelle der Tamarinde 300 g ungeschwefelte getrocknete Aprikosen verwenden!

Aprikosen

TOMATEN-ORANGEN-SALAT

(für 4 Personen als Beigabe zum Menü)

2 Tomaten

waschen und in kleine Stücke schneiden,

1 Orange

schälen und zerkleinern,

1 Zitrone
1 große Zwiebel
$^1/_2$ Teel. Salz
etwas frischgemahlenen schwarzen Pfeffer

in Würfel schneiden, den Saft

dazugeben, alles gut mischen und durchziehen lassen. In einer hübschen Schüssel mit

einigen halbierten Weintrauben oder wahlweise Rosinen

garniert servieren.

Orange

AVOCADO-SALAT

1 reife Avocado
1 Banane
1 reife Birne
1 Orange

schälen und alle Früchte in Würfel schneiden.

½ Tasse ungeschwefelte Rosinen

sauber waschen und dazugeben.

Den Saft von

1 Zitrone
1 Teel. Salz
etwas frisch gemahlenen schwarzen Pfeffer
1 Teel. Cuminpulver
1 Teel. Korianderpulver

darüberstreuen und gut vermengen. Etwas durchziehen lassen und mit einer beliebigen Brotsorte (Mathri, Roti etc.) als Imbiß servieren, oder als Beilage eines Menüs.

Dieser Salat kann auch mit beliebigen

Früchten der Saison

angereichert oder abgewandelt werden. Selbst

geröstete Sonnenblumenkerne

oder

fritierte Cashewnüsse

schmecken köstlich dazu.

GEMISCHTER ROHKOSTSALAT

(mit Joghurtsoße) für 4–6 Personen

½ Kopfsalat

gründlich reinigen und zerkleinern

100 g Rapunzel

sorgfältig putzen,

2 mittelgroße Karotten
½ grüne Gurke
1 Apfel

fein raspeln

Orangenscheiben
Bananenscheiben
1 Handvoll ungebleichte Rosinen

zufügen.
In einer extra Schüssel ein Raita zubereiten:

½ l Joghurt

in einer Glasschüssel mit dem Schaumschläger cremig schlagen.

¼ Teel. Salz
etwas frisch gemahlenen schwarzen Pfeffer

darunterrühren und ein Tarka, wie im Rezept für Raita beschrieben, zubereiten und dazufügen. Zusammen mit dem gemischten Salat servieren. Dieser Salat kann in vielen Variationen (mit Tomaten, gekochten Kartoffeln, Fenchel, Roten Beten und dergleichen mehr) zubereitet werden und schmeckt vorzüglich mit gefüllten Parathas oder Papadam.

SÜSSPEISEN

- aus Milch und Milchprodukten
- mit Früchten oder Gemüsen
- aus Erbsen-, Bohnen- oder Reismehl
- aus Grieß, Weizenkleie, Haferflocken
- mit Samen und Nüssen

KAROTTEN-KHIR

für 4–6 Personen

Etwa	250 g Karotten
putzen, sehr fein reiben und in einem Topf trocken weichdämpfen lassen. In einem zweiten Topf	1 Teel. Ghee
erhitzen und die weichgedämpften Karotten zufügen. 5 Minuten auf mittlerer Flamme unter ständigem Umrühren dünsten lassen; wenn das Ghee wieder an der Oberfläche erscheint,	1 l frische Vollmilch
zu den Karotten geben und auf mittlerer Flamme 25–30 Minuten gleichmäßig köcheln lassen. Häufig umrühren, damit die Milch nicht überkocht und nichts abrennt.	

In der Zwischenzeit

½ Tasse feingeriebene Nüsse (Cashewnüsse, Pinienkerne und eingeweichte und geschälte Mandeln),

vorbereiten.
Sobald die Milch sich durch das Simmern auf etwa die Hälfte bis ⅓ reduziert hat und eine cremige Konsistenz besitzt,

½ Tasse Rohzucker

und

1 Handvoll gesäuberte ungebleichte Rosinen

zufügen. Nach 5 Minuten die Flamme abschalten, die

vorbereiteten Nüsse

und

½ Tasse Kokosnußraspeln

daruntermischen. Etwas abkühlen lassen und vor dem Servieren

1 frisch zerstoßene grüne Kardamomkapsel (ohne Schale) pro Person

darübergeben.

KOKOSNUSS-KHIR

für 6–8 Personen

In einem Topf mit schwerem Boden	1 ½ l frische Vollmilch
unter ständigem Rühren zum Kochen bringen; danach die Hitze reduzieren, damit die Milch langsam und gleichmäßig herunterkochen kann, häufig umrühren, damit sie nicht anbrennt.	1 frische Kokosnuß
öffnen und fein raspeln. Die Kokosnußraspeln in die Milch geben und mitkochen lassen.	1 Tasse Nüsse
vorbereiten, Mandeln (einweichen und schälen), Cashew- und Pinienkerne im Mörser fein zerreiben. Sobald die Milch auf etwa die Hälfte bis ⅓ heruntergekocht ist und eine cremig-feste Konsistenz erhält,	1 Tasse Rohzucker
und	¼ bis ½ Tasse gereinigte, ungebleichte Rosinen
zufügen und fünf Minuten weitersimmern lassen. Die Flamme ausschalten und die bereits vorbereiteten Nüsse unter das Kokosnuß-Khir mengen. Abkühlen lassen und kurz vor dem Servieren	den Inhalt einer grünen Kardamomkapsel
pro Person fein zermörsern und daruntermengen.	

PISTAZIEN-MANGO RABRI

(– hergestellt aus frischer Vollmilch)

In einem Topf mit schwerem Boden	1 l frische Vollmilch
zum Kochen bringen, dabei ständig umrühren, um ein Anbrennen der Milch zu verhindern. Auf kleiner Flamme unter häufigem Rühren solange gleichmäßig und langsam herunterkochen lassen, bis sich die Milch auf die Hälfte bis ⅓ reduziert hat und eine dicklich-cremige Konsistenz erhält.	50 g Rohzucker
dazugeben und einige Minuten weiter simmern lassen. Die Flamme schließen und	40 g feingemahlene Pistazien
zufügen. Etwa 1 Stunde abkühlen lassen. Vor dem Servieren	pro Person den Inhalt einer grünen Kardamomkapsel (ohne Schale) fein zermörsern
und daruntermengen.	1 Mangofrucht
schälen und in kleine Stücke schneiden. Das fertige Rabri über die Frucht gießen und servieren.	

SAFRAN-JOGHURT

für 6 Personen

Aus	1 l Milch
Joghurt herstellen, wie im Grundrezept beschrieben. Anschließend wird der Joghurt in einem festen, sauberen Küchentuch, dessen Enden zusammengebunden werden, aufgehängt, damit die Flüssigkeit abtropfen kann. (Je länger der Joghurt hängt, desto sahniger und dikker wird er). Für Safran-Joghurt kann man ihn bis zu 8 Stunden hängen lassen, damit er die gewünschte »cremige« Konsistenz erhält. Nach dem Abtropfen in eine Schüssel geben und mit einem Schneebesen locker und cremig schlagen.	
Nach Geschmack	8 Eßl. Honig oder mehr
daruntermischen. Lange und gut umrühren, bis sich der Honig völlig auflöst.	
In	5 Safranfäden 2 Eßl. Wasser auflösen,
etwa 1–2 Stunden einweichen und anschließend im Mörser zerreiben und in den Joghurt geben. Einige sehr fein geraspelte	Pistazienkerne (ungeröstet und ohne Salz!)
daruntermengen. Mit verzieren.	ganzen Pistanzienkernen

SÜSSE PANIR-BÄLLCHEN

(mit Safran)

Aus	½ l frischer Vollmilch
Panir herstellen, wie im Grundrezept beschrieben. Gut abhängen lassen. Das trockene Panir in einer Schüssel ganz fein zerbröseln.	½ Tasse gemischte und feingeriebene Nüsse (Mandeln, Cashews, etc).
und	½ Tasse Kokosnußraspeln
und	4–5 Eßl. Rohzucker
ganz gut und sorgfältig zerkneten.	3–5 Safranfäden
in	2 Eßl. Wasser
auflösen und mit der süßen Panirpaste vermengen. Walnußgroße Bällchen formen und gekühlt servieren.	

FRUCHTSALATE

(mit Sahne) für 4 Personen

Zum Beispiel:

ERDBEER-BANANEN-CREME

	500 g Erdbeeren
waschen, die Stiele entfernen und mit der Gabel fein zerdrükken.	
	1–2 Bananen
schälen und ebenfalls zerdrükken.	
	1 Handvoll Kokosnußraspeln
und nach Belieben	1–2 Eßl. Honig
daruntermischen sowie	¼ l Sahne
nach Wunsch geschlagen oder ungeschlagen.	
Den Inhalt von	2 grünen Kardamomkapseln
fein zermörsert darübergeben.	

Auf die gleiche Weise können nahezu alle Obstsorten in unterschiedlichen Zusammenstellungen zubereitet werden.
Alle Früchte sollten jedoch stets geschält und möglichst fein geraspelt (Äpfel und Birnen) oder zerdrückt (Beerenobst, Bananen, Aprikosen, Pfirsiche usw.) werden. Außer den oben aufgeführten Grundbestandteilen können abwechselnd auch Rosinen, Datteln oder vorher eingeweichte Feigen und Aprikosen verwendet werden. Auch fein zermörserte Nußpasten sind erlaubt. An heißen Sommertagen kann ein Fruchtsalat den Auftakt eines jeden Tages bilden. Im Winter dagegen sind hitzegebende Weizengerichte wie Müslis, Grießhalvas und dergleichen vorzuziehen.

APFEL-SÜSSPEISE I

für 4 Personen

1 kg Äpfel

waschen, schälen und raspeln. In einem Topf mit schwerem Boden auf kleiner Flamme weich dämpfen lassen,

2 große Zimtstangen mitdämpfen.

Während der letzten 5 Minuten des Garens

1 Tasse Rosinen (ungebleicht)

nach Geschmack

1 Tasse Rohzucker

und

½ Tasse Kokosnußraspeln

zufügen.

½ Tasse Nüsse (Mandeln, Cashew-, Pinienkerne)

im Mörser fein zerstampfen und ebenfalls dazugeben. Sobald die Äpfel ganz weich sind, die Flamme ausschalten und abkühlen lassen. Die Zimtstangen entfernen,

2 Eßl. Rosenwasser

zufügen und in einer schönen Glasschale servieren.

Apfel

APFEL-HALVA II

1 kg Äpfel

auf die gleiche Art zubereiten, wie im vorhergehenden Rezept angegeben.

Nachdem alle Geschmackszutaten (außer Rosenwasser) zugefügt wurden und die Äpfel gar sind, in einer schweren Pfanne

2 Eßl. Ghee

erhitzen, die Apfel-Süß-Speise dazugeben und auf mittlerer bis hoher Flamme unter ständigem Rühren solange braten lassen, bis das Ghee wieder an der Oberfläche erscheint. Die Flamme ausschalten, abkühlen lassen und

2 Eßl. Rosenwasser

kurz vor dem Servieren daruntermengen.

(Durch die Verwendung von Ghee ist diese Süßspeise schwerer verdaulich als das Apfel-Rezept Nr. I).

APFEL-HALVA III

(mit Panir)

Aus
1 l frische Vollmilch
Panir herstellen, wie im Grundrezept beschrieben. In einem Mulltuch abhängen lassen, bis alle Molke abgetropft ist. Apfel-Halva herstellen, wie in Rezept II beschrieben. Sobald die Äpfel in das Ghee gegeben werden, auch das Panir zufügen. Unter ständigem Rühren solange auf mittlerer bis hoher Flamme braten, bis das Ghee wieder an der Oberfläche leuchtet. Die Flamme abschalten und die Süßspeise abkühlen lassen. Vor dem Servieren
2 Eßl. Rosenwasser zufügen
oder die Samen von
1–2 grünen Kardamomkapseln pro Person
im Mörser fein zermahlen und daruntermengen.
1 Prise frischgemahlenen schwarzen Pfeffer
zufügen.

ABWANDLUNGEN

Rezepte I–III können auch aus
500 g Birnen
und
500 g Äpfeln
gemischt zubereitet werden.

KAROTTEN-HALVA I

für 8 Personen

750 g unbehandelte Karotten

säubern und sehr fein reiben. In einem Topf die geriebenen Karotten weich dämpfen lassen, gelegentlich umrühren, damit sie nicht anbrennen.

In einer Pfanne

3 Eßl. Ghee

erhitzen und die weich gedämpften Karotten hineingeben. So lange im Ghee dünsten, bis das von den Karotten aufgesaugte Fett wieder an der Oberfläche erscheint.

5 Eßl. Rohzucker (evtl. mehr)
1 Handvoll Rosinen

darunterrühren. Die Pfanne vom Feuer nehmen.

1 Tasse feingeriebene Nüsse (eingeweichte und geschälte Mandeln, Cashewnüsse und Pinienkerne)

und

1 Tasse Kokosnußraspeln

zufügen.
Abkühlen lassen.
Kurz vor dem Servieren

1 frisch zerstoßenen grünen Kardamomsamen pro Person

darübergeben.
Jede Portion wird mit einem hauchdünnen Silberblättchen verziert – erfreut Augen, Gaumen und vor allem das Herz!

KARROTTEN-HALVA II

(mit Panir)

Panir herstellen wie im Grundrezept und »Apfel-Halva mit Panir« angegeben und den Karotten beim Dünsten in Ghee zerbröselt zufügen.

Karotten

KÜRBIS-HALVA

für 8 Personen und mehr

1 reifen Kürbis (von gelber oder orange-roter Farbe)

schälen, die Kerne und das fasrige Innere des Kürbis entfernen (Kerne können getrocknet werden, danach geschält und separat bei Gelegenheit verwendet werden).

Das Kürbisfleisch in kleine Stücke schneiden und in einem Topf mit schwerem Boden oder einem Dampfdrucktopf weich dämpfen. Den gedämpften Kürbis vom Feuer nehmen und eine Pfanne mit

½ Tasse Wasser

auf die Flamme setzen, doppelt soviel

Kandiszucker

wie Kürbis dem Wasser zufügen, sobald dieses anfängt zu kochen. Solange weiterkochen lassen, bis die Wasser-Kandiszucker-Mischung etwas dickflüssig wird. Wenn die Mischung wie dünnflüssiger Honig ist und der Zucker Fäden zieht, sobald er von einem Löffel tropft, kann der weich gedämpfte Kürbis zugefügt werden, dabei ständig umrühren und den Kürbis zerdrücken, bis er sich völlig mit der Zuckerlösung vermischt. Das Halva 1 Stunde lang kochen lassen, bis es die

gleiche Konsistenz hat wie ein Grieß-Halva.	
Die Flamme abschalten und zufügen. (Der Safran sollte bereits vor Gebrauch in eingeweicht worden sein und anschließend in einem Mörser fein zerrieben werden).	3 Safranfäden ¼ Tasse Wasser
Gut umrühren und	50 g Mandeln (über Nacht eingeweicht und geschält) 50 g Cashewnüsse 50 g Pistazienkerne
im Mörser zu einer feinen Nußpaste zerstoßen und zusammen mit	100 g Kokosnußraspeln
unter das Kürbis-Halva mengen.	

Gelber Kürbis

MANGO-HALVA

für 8 Personen und mehr

In einer offenen Pfanne mit schwerem Boden	60 g Kichererbsenmehl
trocken anrösten. Dabei ständig rühren und die Flamme niedrig halten, damit das Mehl nicht anbrennt.	60 g Mandeln (eingeweicht und geschält)
und	60 g Pistazienkerne
fein mörsern, zufügen und mitrösten.	250 g Ghee
dazugeben und weiterrösten, dann	½ l frische Vollmilch
und den Saft von	1 kg Mangos
zufügen. Mit	250 g Rohzucker
auf niedriger Flamme kochen lassen, bis die Mischung eindickt und die Konsistenz von Halva annimmt. Die Flamme ausschalten und	5 g Ingwerpulver 5 g schwarzen Pfeffer
und	60 g Kokosnußraspeln
dazugeben. Gut umrühren. Abkühlen lassen und vor dem Servieren	60 g Honig
und das frischgemahlene Pulver von	2 Eßl. grünen Kardamomsamen
zufügen.	

SÜSSE KARTOFFEL

(mit Milch und Kokusnuß) für 8 Personen und mehr

	1 große süße Kartoffel
in Aluminiumfolie dicht einwickeln und im Backofen bei hoher Temperatur weich garen lassen. Sobald sie weich ist, aus der Röhre nehmen und abkühlen lassen. Dann schälen und mit den Händen zu einer feinen Paste zerdrücken. Öffnen Sie eine ganze, frische	Kokosnuß
und raspeln Sie diese sehr fein auf einer Küchenreibe oder im Mixer. Die Kokosnußraspeln mit dem süßen Kartoffelpüree vermengen,	1 Teel. braunen Zucker pro Person
und den Inhalt von	1 grünen Kardamom pro Person
im Mörser fein zerstoßen und hinzufügen.	
	½ Tasse frische Vollmilch pro Person
in einem Topf erhitzen und mit der fertigen Paset vermischen. Gekühlt servieren.	

LADDU

(aus Kichererbsenmehl) für 8 Personen und mehr

2 Tassen Kichererbsenmehl

unter ständigem Rühren bei mittlerer Hitze in einer tiefen Pfanne gleichmäßig anrösten (dieser Vorgang dauert ziemlich lange und beansprucht ihre volle Aufmerksamkeit, damit das Mehl nicht anbrennt, sondern eine goldbraune Färbung und einen herrlichen Duft entfaltet – doch die Mühe wird belohnt durch den göttlichen Genuß dieser Süßigkeit!)
Sobald die hellgelbe Farbe des ungerösteten Mehls ins goldbraune wechselt,

1 Tasse flüssiges Ghee

zufügen und sorgfältig mit dem Mehl vermengen, bis eine glatte Masse entsteht,

½–¾ Tasse Rohzucker

unterrühren, und etwas abkühlen lassen (etwa auf Körpertemperatur).
Nach Belieben den Inhalt von

7 grünen Kardamomkapseln (fein zermörsert)

als Aroma zufügen.
Aus der noch warmen Masse zwischen den Fingern kleine Bällchen (etwa teelöffelgroß) formen. In einem Teller mit Kokosnußraspeln die fertigen Bällchen wenden und kühl stellen, damit sie fest werden.

GRIESS- UND WEIZENKEIM LADDUS

In einer offenen Pfanne unter ständigem Rühren	500 g Weizengrieß
und	500 g Weizenkeime
trocken anrösten.	500 g Ghee
(also die halbe Menge der Weizenmischung) zufügen und unter ständigem Rühren weiterrösten bis alles goldbraun wird.	500 g Rohzucker
darunterrühren und die Flamme abschalten.	125 g Kokosnußraspel 50 g Mandeln (eingeweicht und geschält) 50 g Cashewnüsse 30 g Pistazienkerne
im Mörser fein zerstoßen und dazugeben. Auf etwa Körpertemperatur abkühlen lassen und etwa	2 Eßl. grüne Kardamomsamen
im Mörser pulverisieren und mit	50 g frischgemahlenem schwarzen Pfeffer
unter die Weizenmasse rühren, gut vermengen und zu kleinen Bällchen formen.	

Anmerkung:
Grieß- und Weizenkeim-Laddus sind reich an Stärke; sie enthalten etwas Eiweiß und reinigen den Magen; sie verleihen der Haut Glanz, verbessern die Sehkraft und harmonisieren die drei Humoren Wind, Galle und Schleim. Weizenkeime sind reich an Vitamin E und reinigen den Magen und die Därme, sie heilen Verstopfung. Weizenkeime sind gut für die Haut und verleihen Vitalität, Zeugungs- und Widerstandskraft.

GERÖSTETE NÜSSE UND KERNE

GERÖSTETE SONNENBLUMENKERNE
(mit Gewürzen)

	6 Eßl. Sonnenblumenkerne
in einer schweren Pfanne ohne Fett trocken anrösten. Die Kerne müssen unter ständigem Rühren solange auf kleiner bis mittlerer Flamme erhitzt werden, bis sie gleichmäßig goldbraun sind und »nußartig« riechen.	½ Teel. Ghee
zufügen (damit die nachfolgenden Gewürze haften können), die Flamme ausschalten und folgende Gewürze zufügen:	
Nach Geschmack	½ bis 1 Teel. Salz etwas schwarzen Pfeffer 1 Teel. Cuminpulver 1 Teel. Korianderpulver
und nach Belieben	1 Prise Mangopulver
Alles gut vermischen und warm servieren.	

GERÖSTETE MELONENKERNE

Auf die gleiche Weise zubereiten wie die Sonnenblumenkerne.

GERÖSTETE CASHEWNÜSSE

In einem Karahi oder chinesischen Wok	1 Eßl. Ghee
erhitzen. Die gewünschte Menge	Cashewnüsse
unter ständigem Rühren von allen Seiten gleichmäßig goldbraun rösten. Aus dem Ghee nehmen und die gleiche	Gewürzmischung
zufügen, die bei den Sonnenblumenkernen beschrieben wurde.	

Geröstete Nüsse und Kerne ergeben mit Rosinen gemischt ein nahrhaftes Frühstück.

GETRÄNKE

BANANEN-TRUNK

Etwa	6 Bananen
in dünne Scheiben schneiden. Die gleiche Menge	Rohzucker
wie das Gewicht der Bananen zusammen mit den Bananenscheiben in einen gut schließenden Topf mit schwerem Boden geben. Den Topf mit	Wasser
auffüllen und auf kleiner Flamme zum Kochen bringen. Sobald das Wasser kocht, den Topf von der Flamme nehmen und abkühlen lassen. Vor dem Servieren	7 Safranfäden
(mind. 1 Stunde vor Gebrauch in etwas Wasser einweichen und auflösen) und die Samen	1 grünen Kardamoms pro Person
im Mörser fein zermahlen und dem Getränk zufügen.	

MANGO-MILCH

Die Schale und den Kern von	1 große reife Mango
entfernen. Das Fruchtfleisch pürieren (wenn möglich, in einem Mixer),	1 l frische Vollmilch
	¼ l Schlagrahm
und	9 Safranfäden
eingeweicht und aufgelöst in	3 Eßl. Milch
zufügen und alles zusammen gründlich verquirlen.	
Pro Glas Mango-Milch	1 Teel. Honig
zufügen.	
Nach Belieben mit einigen Tropfen	Rosenwasser
oder einer Prise frischgemahlenem	grünen Kardamom
servieren.	

Mangos

NUSSMILCH

für 4 Personen

½ Tasse Honigmelonenkerne
½ Tasse Kürbiskerne
2 Eßl. Mohnsamen

über Nacht in Wasser einweichen lassen. Sind die oben genannten Kernarten nicht erhältlich, können ersatzweise

1 Tasse beliebig gemischte Nüsse (Mandeln, Cashew, Pinienkerne)

eingeweicht werden.
Am nächsten Morgen die eingeweichten Kerne oder Nüsse und Mohnsamen mit

1 Eßl. Anissamen

ohne Einweichwasser (Mandeln vorher schälen) im Steinmörser oder elektrischen Mixer zu einer glatten Nußpaste verarbeiten. Eventuell

einige Eßl. Milch

zufügen.
In einem Topf mit schwerem Boden

1 Eßl. Ghee

erhitzen. Die fertige Nußpaste hineingeben und kurz auf kleiner Flamme anrösten.

1 l frische Vollmilch

zufügen und kurz aufkochen lassen. Solange simmern lassen, bis das Ghee an der Oberfläche Fettaugen bildet.

1 Eßl. Rohzucker

zufügen und die Flamme abschalten.
Etwas abkühlen lassen und vor dem Servieren in jedes Glas

1 Prise schwarzen Pfeffer

geben.

MOHN-MILCH

(mit weißen Mohnsamen) – Badam Dudh für 4 Personen

In einer Schüssel	2 Eßl. weiße Mohnsamen
über Nacht in etwas	Wasser
einweichen. Für 4 Personen etwa	3 Safranfäden
in	3 Eßl. frischer Vollmilch
einweichen. In einem Topf mit schwerem Boden	1 Eßl. Ghee
erhitzen. Die eingeweichten Mohnsamen im Mörser zu einer feinen Paste verarbeiten und dem Ghee zufügen. Etwa 3 Minuten lang unter ständigem Rühren im Ghee anrösten, danach	1 Glas frische Vollmilch pro Person
und die bereits aufgelösten Safranfäden zufügen. Etwa 10 Minuten lang simmern lassen, häufig umrühren, damit nichts anbrennt. Nach Belieben	Rohzucker
frischgemahlenen	grünen Kardamom
und	1 Prise schwarzen Pfeffer
dazugeben. Wird die Milch kalt getrunken, kann nach dem Abkühlen anstelle von Rohzucker Honig verwendet werden.	

MILCH MIT GEWÜRZEN

für 1 Person

In einem Topf	1 Glas Milch
langsam erhitzen. Sobald die Milch hoch steigt, sofort vom Feuer nehmen.	
In den Topf	1 ganze Nelke 1 grünen frisch zerstoßenen Kardamomsamen 1 kleines Stück Vanille 1 Prise Muskat ½ Teel. Zucker
geben. Den Topf schließen und die Gewürze einige Minuten in der Milch ziehen lassen. Die Milch durch ein Sieb in ein Glas gießen und servieren.	

KARDAMOM-MILCH

für 1 Person

In einem Topf	1 Glas Milch
erwärmen.	
In ein Glas gießen und	1 kleinen Teel. Zucker 1 frisch zerstoßenen grünen Kardamom ohne Schale
zufügen. Servieren.	

MILCHTEE

(mit frischen Ingwerscheiben) für 4 Personen

Für die kalte Jahreszeit. In einem Milchtopf	4 Tassen frische Vollmilch 12 ganze schwarze Pfefferkörner 4 frische Ingwerscheiben
erhitzen. Sobald die Milch aufkocht, vom Feuer nehmen und	2–4 Teel. Schwarztee
und bis zu	4 Teel. Rohzucker
zufügen. Gut umrühren. Den Topf schließen und die Milch 3–5 Minuten ziehen lassen. Durch ein Teesieb abgießen und in vorgewärmter Kanne und Tassen servieren.	

Dieser Tee ist gut für den Humor des Schleims (Kapha). An kalten Tagen getrunken, schützt er vor Erkältungskrankheiten. Er heilt Schnupfen und Husten, wie auch Fieber, das durch Erkältung verursacht wurde.

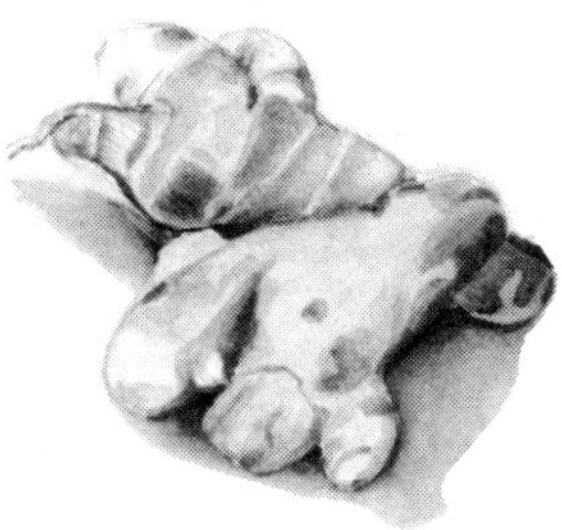

Ingwer

GOTA

Gota ist eine Mischung, die – nach den Mahlzeiten gekaut – verdauungsfördernd wirkt und gleichzeitig den Atem und Geschmackssinn reinigt.

Die Hälfte einer beliebigen Menge Anissamen in einer schweren Pfanne ohne Fett trocken, bei mäßiger Hitze, anrösten. Dabei ständig rühren, damit die Samen nicht anbrennen. Mit einer ungerösteten Hälfte gesäuberter Anissamen vermengen. Sechsmal soviel getrocknete Kokosnußraspeln wie Anissamen sowie den Inhalt einer grünen Kardamomkapsel pro 1 Eßlöffel dieser Mischung und 1 Eßlöffel Kandiszucker (der im Stein- oder Porzellanmörser fein zerrieben werden muß) pro Tasse der Mischung zufügen. Alles gut vermengen. Kann auf Vorrat hergestellt und in einem großen Glas luftdicht verschlossen aufbewahrt werden.

MASSANGABEN

Die angegebenen Löffelangaben beziehen sich (sofern nicht ausdrücklich anders angegeben) stets auf *gestrichene* Teelöffel bzw. Eßlöffel!

Meßtabelle

1 gestrichener Teelöffel:	1 gestrichener Eßlöffel:
Zucker 3 g	Zucker 8–10 g
Salz 4 g	Salz 9 g
Öl bzw. Ghee* 3 g	Öl bzw. Ghee* 10 g

* Ghee ist geklärte bzw. gereinigte Butter, als »Butterschmalz« im Handel erhältlich.

»ANTAGONISTISCHE« LEBENSMITTEL

Einige Lebensmittel haben eine sehr wohltuende Wirkung, sofern sie allein gegessen werden, dagegen können sie in Verbindung mit anderen Nahrungsmitteln disharmonisch sein und im Körper schädliche Chemikalien erzeugen.
Solche Lebensmittel sind:

Honig: Honig sollte nie zusammen mit Ghee oder Rettich gegessen werden. Auch sollte Honig niemals erhitzt werden (siehe auch Kapitel »Nahrungsmittel – Süßmittel«), da das Wachs beim Erhitzen verbrennt und schädliche Rückstände hinterläßt.

Joghurt: Joghurt sollte nicht mit Milch, Bananen oder Tee vermischt werden. Auch gekühlter Joghurt zu heißen Speisen ist zu meiden.

Milch: Milch sollte nie in Verbindung mit Essig, Zitronen, Orangen, Pflaumen, Bananen, Gurken, Öl, Rettich, Salz, Sesam-Bonbons und Joghurt genossen werden. Mit Wasser vermischte Milch sollte nie mit Ghee zusammen verwendet werden.

Buttermilch: Buttermilch sollte nie mit Bananen vermischt werden.

Zu meiden sind außerdem:

Essig mit Sesamsamen
Rettich mit Honig
Honigmelone mit Honig, Joghurt oder Wasser
Gurke mit Wasser
Reis mit Essig
Fleisch mit Sesam, Milch, Käse, Essig, Honig.

Zu meiden sind krasse Temperaturunterschiede (heiße Speisen nach kalten und umgekehrt) während der Mahlzeiten sowie kalte Getränke nach Tee, Gurke, Honigmelone, Melone.

VERDAUUNGSBESCHWERDEN UND WIE MAN SIE BEHEBT

Verdauungsbeschwerden, die auftreten nach dem Genuß von:	Sie können behoben werden durch:
Äpfeln	Zimt
Bananen	roten Kardamom, Salz od. Ingwerpulver od. Honig
Beeren	Salzwasser
Blumenkohl	Ingwer oder Garam Masala
Butter	Salz oder Honig od. Rohrzucker
Buttermilch	Zitrone oder Salz oder schwarzen Pfeffer
Datteln	Buttermilch
Erbsen	einem Schluck warmes Wasser
Essig	etwas Süßes – Honig od. Gur
Feigen	Mandeln
Fisch	Mangopulver od. Oreganosamen od. Honig
Fleisch	Gur (Jaggery)
Gelbe gespaltene Erbsen	Ghee oder Mangopulver oder Zitronen od. Orangen od. irgendetwas Saures
Gerste	Ghee od. Garam Masala od. Salz od. Oreganosamen od. Gur oder warmes Wasser
Ghee	Heißes Wasser oder Zitrone
Granatapfel	Salz
Grünen Bohnen	Garam Masala oder Oreganosamen

Verdauungsbeschwerden, die auftreten nach dem Genuß von:	Sie können behoben werden durch:
Gurke	Oreganosamen oder Salz
Halva	einen Schluck lauwarmes Wasser
Honig	Granatapfelsamen
Joghurt	Ingwerpulver oder Salz
Karotten	Rohzucker, Melasse, Jaggery
Kartoffeln	Sodiumbicarbonat mit etwas Salz, Oreganosamen und lauwarmem Wasser oder Garam Masala
Kichererbsen	Oreganosamen
Kichererbsenmehl	Oregano- oder Granatapfelsamen
Kokosnuß	Reis oder Rohzucker
Kürbis	Garam Masala
Linsen	Ghee oder Essig
Mandeln	Rohzucker
Mango	mit Wasser verdünnte Milch
Milch	Sodiumbicarbonat
Moong Bohnen	etwas Saures (Granatapfelsamen)
Muskat	Essig oder Ghee
Nieren-Bohnen	Cumin oder Steinsalz
Okra	Ingwerpulver oder Oreganosamen
Öl	Zitrone oder Essig oder Pickle
Pinienkerne	etwas Saures
Pudding	Sodiumbicarbonat
Puris	Oreganosamen mit etwas Salz, Sodiumbicarbonat und lauwarmem Wasser
Rettich	Rettichblätter oder Salz oder Jaggery (Gur)
Reis	Salz oder schwarzem Pfeffer

Verdauungsbeschwerden, die auftreten nach dem Genuß von:	Sie können behoben werden durch:
Rohzucker, Melasse, Jaggery	Zitrone oder Mangopulver oder Granatapfelsamen oder etwas anderes von saurem Geschmack
Roter Pfeffer	Honig oder Ghee
Saftorangen	Jaggery (Gur)
Schlagsahne	Minze
Spinat	Ingwerpulver
Tee	Anissamen oder Milch
Trockenmilch	Salz oder Zitrone oder Sodiumbicarbonat
Trauben	Rosenblätter oder Anissamen
Urad Dal	Ingwerpulver oder Asafötida oder schwarzen Pfeffer oder frischen Ingwer oder Honig
Walnüsse	Granatapfelsamen
Weizen	Anissamen oder Sodiumbicarbonat
Ziegenmilch	Honig oder Anissamen
Zitrone	Salz oder Sodiumbicarbonat
Zucchini	Ingwerpulver
Guaven	gleiche Menge Ingwerpulver und Anissamen
Honigmelone	Zitrone
Grundsätzlich hilft bei Verdauungsbeschwerden aller Art:	Zitronensaft oder ½ Teel. Anis- oder Oreganosamen mit einer guten Prise Salz, etwas weniger als ½ Teel. Sodiumbicarbonat und lauwarmes Wasser (nicht weniger als ¼ Liter).

»GOLDENE ESSENSREGELN«

Nehmen Sie Ihre Mahlzeiten stets in einer entspannten Gemütslage ein. Wenn Sie sich vor dem Essen Hände, Gesicht und, wenn möglich, auch Füße waschen, werden Sie sich frisch und entspannt fühlen.

Wechseln Sie Ihre staubige Straßenkleidung und tragen Sie beim Essen frische und bequeme Sachen, es steigert Ihren Appetit und dient der Gesundheit.

Am leichtesten konzentriert man sich zu Beginn einer Mahlzeit, indem man – laut oder leise – ein kurzes Dankgebet spricht.

Alle Speisen sollten sorgfältig gekaut und im Munde eingespeichelt werden. Der Speichel enthält wertvolle Verdauungssäfte, die der Nahrung beim gründlichen Kauen zugefügt werden. Es fördert den Verdauungsprozeß beträchtlich, wenn die Assimilation der Säfte bereits im Munde beginnt.

Konservierte Nahrungsmittel und Büchsennahrung sind weitgehendst zu meiden. Nur frisch gekochte Gerichte enthalten reichlich pranische Energie.

Einmal fertig gekochte Speisen sollten kein zweites Mal aufgekocht oder aufgewärmt werden.

Es gilt als ungesund vor Sonnenaufgang zu essen, das gleiche gilt für die Zeit nach Sonnenuntergang. Läßt es sich trotzdem nicht vermeiden, erst nach Sonnenuntergang zu essen, so sollten wenigstens kühlende Milchprodukte wie Joghurt, auch Zitrusfrüchte oder schwerverdauliche Nüsse gemieden werden.

Essen Sie nur, wenn Sie sich wirklich hungrig fühlen (»don't kill hunger before it's born«) und erst, wenn Sie Ihrem Magen genügend Zeit zur Verfügung gestellt haben, die vorherigen Mahlzeiten zu verdauen. Generell ist es gut, wenn zwischen den einzelnen Mahlzeiten 6 Stunden Pause liegen. Zu meiden sind in dieser Zeit auch Naschereien, wozu auch alle Arten von Getränken, mit Ausnahme von lauwarmem Wasser, zählen.

Diese Regel gilt jedoch nicht für Kinder! Kinder und heranwachsende Jugendliche brauchen etwa alle 3 Stunden eine kleine Energiezufuhr, vor allem, wenn sie auch körperlich aktiv sind, viel Sport und Spiele betreiben oder angestrengt lernen müssen.

Essen Sie feste Nahrung prinzipiell erst, wenn Ihre rechte Nasenöffnung aktiv ist, d.h. wenn die Luft stärker durch das rechte Nasenloch strömt. Trinken Sie nur, wenn Ihr linkes Nasenloch aktiv ist, und Sie werden Speisen und Getränke leichter verdauen.

Essen und Trinken Sie möglichst nicht beim Gehen. Setzen Sie sich zum Essen und Trinken in Ruhe hin.

Vermeiden Sie starkes Gelächter während des Essens und ernste Gespräche. Die Aufmerksamkeit sollte bei der Mahlzeit sein, um den Geschmack der Speisen voll auskosten zu können.

Das Trinken von Wasser vor dem Essen bewirkt eine Reduzierung des Körpergewichts. Das Trinken von Wasser während der Mahlzeiten unterstützt die Assimilations- und Verdauungsvorgänge und hält das Körpergewicht im Gleichgewicht. Das Trinken von Wasser nach dem Essen verdünnt Verdauungssäfte und Säuren, die bei der Verdauung beteiligt sind und bewirkt eine Gewichtszunahme. Lassen Sie nach den Mahlzeiten besser eine gute Stunde verstreichen, ehe Sie etwas trinken.

Zu kalte und zu heiße Getränke sind zu meiden. Lauwarme Getränke verbessern die pranische Energie im Körper. In kalten Ländern oder bei kalter Witterung ist das Trinken von lauwarmem Wasser magenfreundlicher und hilft bei der Entschlackung des Körpers.

Essen Sie nichts, was Ihrem Geschmackssinn widerstrebt.

Essen Sie in angenehmer und sauberer Atmosphäre und von sauberen Gedecken.

Essen Sie weder zu schnell noch zu langsam! Hastiges Schlingen erhöht die Atemrate und beim Trödeln wird das Essen kalt!

Meiden sie zu fettige, aber auch extrem trockene Gerichte.

Hören Sie während des Essens keine Meditationsmusik, auch nach dem Essen ist meditative Musik ungeeignet. Lachen Sie dafür besser nach dem Essen, das schafft eine heitere Atmosphäre und fördert die Verdauung.

Auch eine kurze Ruhepause nach dem Mittagessen oder ein Spaziergang nach der Abendmahlzeit helfen der Verdauung.

Vermeiden Sie es, direkt nach einer Hauptmahlzeit tief einzuschlafen. Das unmittelbare Einschlafen nach einer üppigen Mahlzeit verursacht Störungen im Verdauungssystem und benebelt den Geist. Es sollten etwa 2 Stunden nach einer Mahlzeit vergehen, ehe Sie sich zum Schlafen niederlegen.

Verlegen Sie alle Arbeiten, die körperliche Anstrengung oder geistige Konzentration erfordern auf etwa 2 bis 3 Stunden nach den Hauptmahlzeiten.

Das Waschen von Händen und Gesicht sowie das Spülen des Mundes und der Augen nach den Mahlzeiten wirkt positiv auf das Verdauungssystem.

Nehmen Sie grundsätzlich niemals feste Nahrung vor der morgendlichen Darmentleerung zu sich.

Es gilt als unbedenklich, direkt nach dem Essen Wasser zu lassen. Dagegen ist die Darmentleerung direkt nach dem Essen als ungesund anzusehen.

Meiden Sie innerhalb einer Mahlzeit krasse Temperaturunterschiede, sie schaden der Gesundheit und den Zähnen.

Essen Sie nie mit dem Gesicht gen Süden blickend. Nach Süden blicken entzieht Energie und verursacht Zorn. Der Osten ist die beste Richtung. In Hindu-Schriften steht geschrieben:

»Gen Osten gerichtet zu essen bringt Ruhm und Erfolg.
Gen Westen gerichtet zu essen bringt Geld und Wohlstand.
Gen Norden gerichtet zu essen bringt tiefere Einsicht
und Spiritualität.
Gen Süden gerichtet zu essen verursacht Zorn.«

Trinken Sie keine heiße Milch vor dem Zubettgehen. Lauwarme Milch ist empfehlenswert für alle, die keine Probleme mit Verschleimung (Kapha) haben.

Essen Sie, je nach persönlichem Bedarf, ein bis zwei Mahlzeiten am Tage. Eine leichte Mahlzeit am Morgen und die Hauptmahlzeit – nach Möglichkeit – vor Sonnenuntergang.

Früchte, Nüsse, Kerne, Sahne, Joghurt, Salat, Reis und Getreide oder gekeimte Hülsenfrüchte sind ideale Nahrungsmittel für das Frühstück oder eine Morgenmahlzeit. Frisch gebackene Brote, gekochte oder gedünstete Gemüse, Currys, Dal und Süßspeisen eignen sich für die Hauptmahlzeit vor Sonnenuntergang.

Kaffee oder Tee sollten bis zu jeweils einer halben Stunde vor und nach den Mahlzeiten gemieden werden.

Das Kauen von Anissamen mit Kokosnußpulver, grünem Kardamomsamen und zerstoßenem Kandiszucker fördert die Speichelabsonderung und unterstützt den Verdauungsvorgang im Magen. Außerdem erfrischt es den Mund und hinterläßt ein angenehmes Gefühl.

Ein Viertel des Magens sollte mit Körnern und Getreiden, Hülsenfrüchtöen, Nüssen und Samen gefüllt werden, ein Viertel mit Früchten und rohen Gemüsen, ein Viertel mit Wasser und das restliche Viertel schließlich sollte leer bleiben, damit die Gase des Körpers ungestört passieren können.

Während des Sommers ist es empfehlenswert, dem System überwiegend flüssige Nahrung zuzuführen. Feste Nahrung eignet sich mehr für den Winter, wenn es sehr wichtig ist, gehaltvoll zu essen.

Die regelmäßige Verwendung von Milch, Joghurt, frischem Käse oder Sahne ist gut für die Gesundheit.

Süßschmeckende Speisen sollten zu Beginn einer Mahlzeit genossen werden. Ein ayurvedischer Text lautet:*

Poorve Madhuramshniyat Madhye Amla- Lavano Rasa
Ante Sheshan Rasan Vaidyo Bhojneshvacharyet

* Die Definitionen der Geschmacksrichtungen sind im Charak Samhita, Kapitel XXVI, Abschnitt 43 (1) bis 44 (1) entnommen.
Regelmäßigkeit bei den Mahlzeiten unterstützt die Auffüllung der Körperchemikalien.
Sexueller Verkehr unmittelbar nach den Mahlzeiten ist gesundheitsschädlich.

Der süße Geschmack sollte am Anfang stehen, in der Mitte der Mahlzeit sollte sauer und salzig gegessen werden und zum Schluß scharf, bitter oder astringierend. In dieser Reihenfolge sollten Nahrungsmittel verschiedener Geschmacksqualitäten gegessen werden.

»Der süße Geschmack entspricht dem Körper. Er vermehrt die nährstoffreichen Körperflüssigkeiten wie Blut, Fleisch und Fett, Knochen, Mark, Vitalessenz und Samen. Der süße Geschmack verlängert das Leben, reinigt die Sinnesorgane, gibt Vitalität und eine gesunde Hautfarbe. Er schafft Erleichterung bei Vergiftungserscheinungen, beruhigt die Humoren der Luft und der Galle (Vayu und Pitta), mildert Durst und brennende Empfindungen. Er hat eine wohltuende Wirkung auf Haut, Haare, Stimme und Körperkraft. Im Übermaß genossen ist er allerdings schädlich für die Zähne, erzeugt Sanftmut, Lethargie, Schwere, Appetitlosigkeit, schwaches Verdauungsfeuer, Husten, Verstopfung, Brechreiz und andere Krankheiten, die durch Schleim (Kapha) verursacht werden können. Der süße Geschmack ist ölig, kalt und schwer.«

»Der saure Geschmack regt das Verdauungsfeuer an, er baut den Körper auf und gibt ihm Stärke, er stabilisiert die Sinnesfunktionen und erhellt den Geist, er kräftigt und reguliert die Bewegungen der Körpergase, er stärkt das Herz, fördert die Speichelabsonderung, er befördert die Nahrung nach unten, befeuchtet, verdaut und erzeugt Heiterkeit (sauer macht lustig). Der saure Geschmack ist leicht, heiß und ölig. Wird er im Übermaß genossen, erzeugt er Durst, löst den Schleim und vermehrt die Galle. Für Männer ist die Verwendung von zuviel sauren Nahrungsmitteln nicht empfehlenswert, da sie die Samenflüssigkeit verdünnen. Ein Übermaß an »sauer« kann brennende Empfindungen im gesamten Kehlkopfbereich sowie in Brust und Herz verursachen.«

»Der salzige Geschmack ist verdauungsfördernd, er durchdringt die Nahrungspartikel, verflüssigt die Nahrung, heilt den Humor des Windes (Vayu), Steifheit und Stauungen, schützt vor Ansammlung von Giftstoffen, vermehrt den Speichelfluß, verflüssigt die Schleimabsonderung, reinigt die Verdauungspassage und macht alle Glieder des Körpers geschmeidig. Salz macht die Speisen geschmackvoll und überdeckt alle anderen Geschmäcker. Wird

Salz jedoch ausschließlich oder im Übermaß verwendet, so verursacht es Durst, Ohnmacht und starke Körperhitze. Es öffnet Schwellungen, lockert die Zähne, zerstört die Zeugungskraft, beeinträchtigt die Funktionen der Sinnesorgane, verursacht frühzeitige Faltenbildung, Ergrauen der Haare und Glatzenbildung. Zuviel Salz ist schädlich für Haut und Augen. Salz ist weder schwer noch leicht, aber heiß und trocken.«

»Der scharf-beißende Geschmack reinigt den Mund, regt das Verdauungsfeuer an, trocknet die Nahrung aus und schärft die Sinnesorgane. Er gibt der Nahrung Würze, beseitigt Verstopfung und unterstützt die Ausscheidung. Er mildert den Schleim (Kapha), ist leicht, heiß und trocken. Im Übermaß genossen zerstört auch er die Zeugungskraft aufgrund seines Nachverdauungseffektes; er erzeugt im Körper starke Hitze, verringert die Körperkraft und erzeugt Durst und vielerlei Störungen des Körperwindes (Vayu) sowie Schmerzen im Bereich der Beine, Arme, Hüften und des Rückens.

»Der bittere Geschmack hat eine appetitanregende Wirkung, obwohl er nicht sonderlich wohlschmeckend ist. Er gilt als Gegengift bei Vergiftungen, ist ein Wurmmittel, heilt Brennen, Jucken, Hautkrankheiten und Durst. Er gibt der Haut und dem Fleisch Festigkeit, ist verdauungsfördernd, anregend und reinigt die Milch in der Brust stillender Mütter. Der bittere Geschmack ist trocken, kalt und leicht. Seine übermäßige Verwendung verursacht Trokkenheit in Körper, Blut, Fleisch, Fett, Knochen, Mark und Samen. Er bewirkt dann Müdigkeit, Ohnmacht und Schwindeligkeit. Er trocknet den Mund aus und erzeugt viele Wind-Störungen (Vayu-Probleme).«

»Der adstringierende (zusammenziehende) Geschmack ist blutstillend, beruhigt die Galle und den Schleim (Pitta und Kapha). Er konsumiert die Körperflüssigkeiten, ist trocken und kalt und bewirkt – im Übermaß genossen – Herzbeschwerden, aufgebläten Magen, auch beeinträchtigt er dann die Zeugungskraft und verursacht verschiedene Störungen des Windes (Vayu).«

REZEPTREGISTER

Maya Tiwari

Das große Ayurweda Handbuch

Das umfassende Praxisbuch über alle Wirkungsweisen und Anwendungsbereiche von Ayurveda

Mit 528 Seiten eines der umfassendsten Praxisbücher der ayurvedischen Naturmedizin. Das Wissen um die Kunst des Heilens ist in der spirituellen Weisheit des Ayurveda tief verwurzelt. Maya Tiwari hat Ayurveda jahrzehntelang studiert und praktiziert. In ihrem großen Handbuch erfahren wir alles über die ursprüngliche Kraft menschlicher Heilung. Sie führt uns in die uralten Geheimnisse spiritueller Praktiken, Therapien und Heilmittel, Ernährungssysteme und natürlicher Körperrythmen ein, die – richtig angewandt – die notwendigen Erkenntnisprozesse für eine tiefgehende Heilung wachrufen. Dieses Buch ist in seiner Art die wohl umfassendste Darstellung der ursprünglichen Reinigungs- und Verjüngungstherapien, Pancha Karma.

528 Seiten, 3-89385-370-7
www.windpferd.com

Nischala Joy Devi

Der heilende Weg des Yoga

Zeitlose Weisheit und medizinisch bestätigte Behandlungen, die Streß lindern, das Herz öffnen und unser Leben bereichern

Dieses Buch läßt uns an Nischala Joy Devis jahrelanger Erfahrung teilhaben. Sie erklärt, wie Yoga, Visualisierung, Atemübungen und Meditation die Gesundheit stärken, und beschreibt die wichtigsten Yogastellungen. Nischala Joy Devi verbindet zeitlose indische Yogatechniken mit ihren eigenen Erkenntnissen über eine gesunde Lebensweise, um Menschen zu heilen und zu verjüngen – zeigt wie Yogapraxis den täglichen Streß in tägliche Freude transformieren kann: Stress abbauen, Rekonvaleszenz nach Krebs, Herzinfarkt und anderen Krankheiten, Gewichtsabnahme, Tiefenentspannung, verbesserter Allgemeinzustand von Körper, Seele und Geist. Ein Buch, dessen große Kraft uns berühren wird.

248 Seiten · 3-89385-368-5
www.windpferd.com

Gabriele Feyerer

Padma 28 und andere tibetische Kräutermittel

Harmonisierende Vitalstoffkombinationen aus der Tradition tibetischer Heilkunst

Padma 28 sind Kräutertabletten nach einer Rezeptur, die aus der tibetischen Medizin stammt, und die seit 40 Jahren in der Schweiz hergestellt werden. Dieses Buch ist besonders hilfreich für jene, die sich schnell und doch umfassend über die Prinzipien der tibetischen Medizin und die Wirkungsweise der natürlichen Kräuterarzneien informieren möchten. Pflanzliche Heilmittel dieser Art repräsentieren einen Aspekt der tibetischen Medizin, der sich hier im Westen besonders leicht anwenden läßt.
Die Rezepturen wurden weltweit medizinischen Studien unterzogen, um die Wirksamkeit nach geltenden Vorstellungen zu dokumentieren. Die Ergebnisse werden in diesem Buch gut verständlich dargestellt, die Anwendungsgebiete beschrieben.

160 Seiten · 3-89385-362-6
www.windpferd.com

Melanie Sachs

Ayurveda – natürlich, schön, gesund

Die ayuvedische Verjüngungstherapie

Wer für sich etwas ganz besonderes tun oder andere verwöhnen möchte, hat mit dieser fundierten Anleitung über die ayurvedische Heilkunst einen der besten Ratgeber gefunden. Melanie Sachs zeigt uns, wie auf Grundlage des ayurvedischen Wissens Ernährung, Düfte, Farben, Klänge und Aromen die ayurvedische Haut- und Körperpflege bereichern, wobei die Verjüngungstherapie das Herzstück des sanft pflegenden Systems bildet. Die Doshas weisen den Weg, zeigen die für jeden Typ geeigneten Pflegesysteme mit Cremens, Masken, Fluids und Massagen: Das ganze Repertoire an Rezepten und Behandlungen wird hier vorgestellt. Meditative Übungen, balsamische Bäder und eine ganz besondere Massagetechnik vermitteln reinstes Wohlgefühl.

228 Seiten, ISBN 3-89395-373-1
www.windpferd.com